KATHRIN KLEMP | CHRISTINA NIEMANN

Easy!

Weekends zum Entschlacken

Abnehmen und sich
herrlich *frei fühlen*

Inhaltsverzeichnis

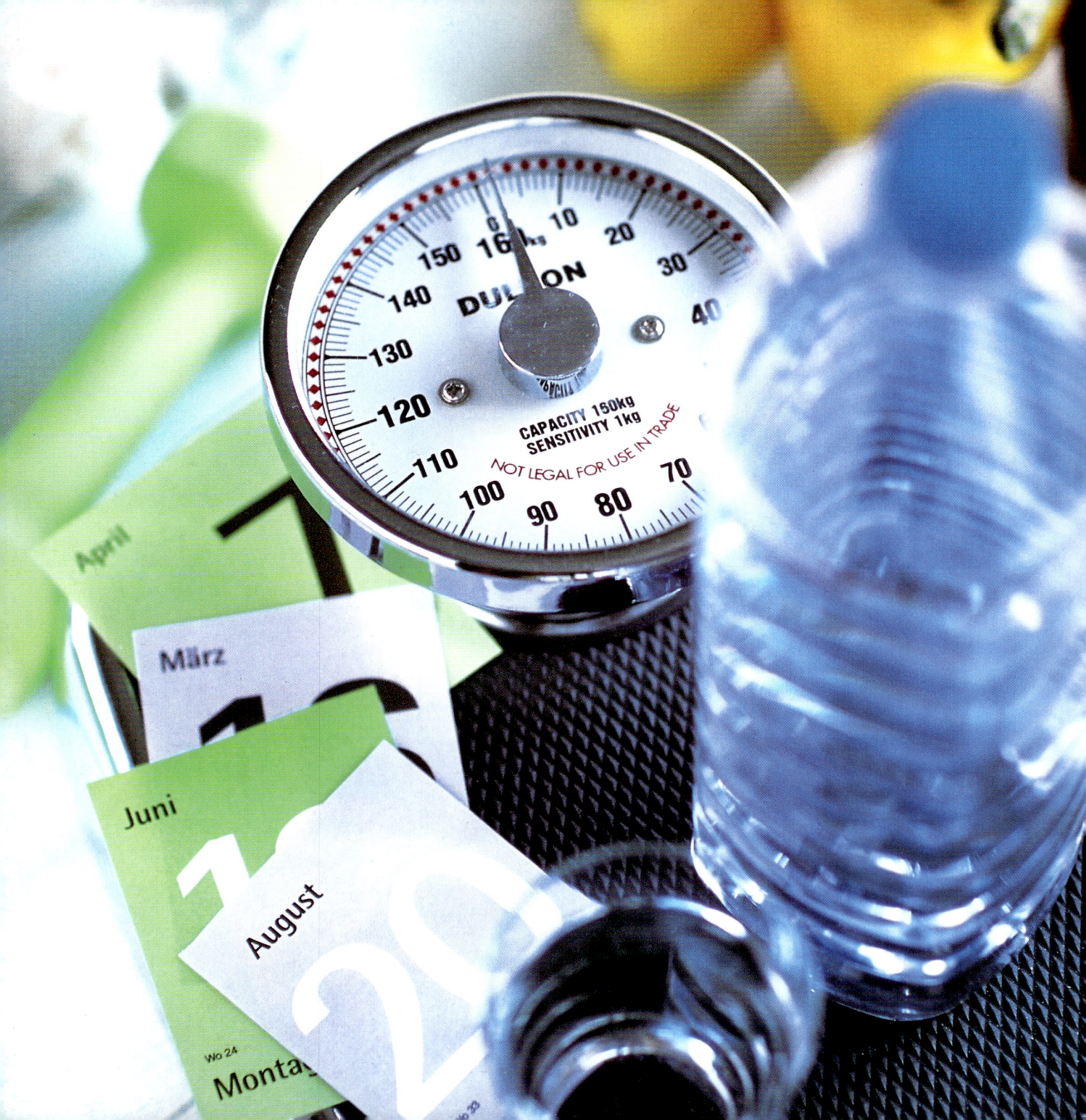

SCHÖNES WOCHENENDE!

Schwer, lustlos und abgespannt? Dann wird es höchste Zeit, etwas zu unternehmen: Eine **gründliche Reinigung** von innen bringt Sie wieder in **Topform**. Die zwölf Weekends zum Entschlacken in diesem Buch **verwöhnen** Körper, Geist und Seele und sorgen dafür, dass überflüssige Pfunde purzeln.

Schlank und fit durchs Jahr

Im Mittelalter behandelten die Menschen ihren Körper mit viel Respekt, denn sie glaubten, dass er nach dem Ebenbild Gottes geschaffen und Sitz der Seele sei. Nehmen Sie sich ein Beispiel an unseren Vorfahren, und behandeln Sie Ihren Körper liebevoll: Bauen Sie wohltuende Entschlackungs- und Erholungsphasen in Ihren Alltag ein. Die Weekends in diesem Buch geben Ihnen viele Anregungen dafür.

Zwölfmal ein Wochenende für Sie

Sie fühlen sich schwer, müde, nicht recht wohl in Ihrer Haut und wünschen sich, überflüssige Pfunde loszuwerden? Sie möchten dem Alltagsstress den Rücken kehren, die Hektik hinter sich lassen und neue Kraft schöpfen? Und das alles nicht nur einmal im Jahr, sondern immer wieder? Dann sind die Entschlackungswochenenden, die wir Ihnen in diesem Buch vorstellen, genau das Richtige für Sie.

Gönnen Sie sich zwölfmal im Jahr ein Weekend, an dem Sie sich verwöhnen und Körper und Seele entlasten. Egal, ob Frühjahr, Sommer, Herbst oder Winter: Für jeden Monat des Jahres finden Sie hier ein jahreszeitlich passendes Programm, mit dem Sie es garantiert schaffen, Ballast abzuwerfen und sich wunderbar frei zu fühlen.

Dazu gibt es an jedem Wochenende abwechslungsreiche Vorschläge zum Entschlacken – mit tollen Rezepten zum Abnehmen, interessanten Informationen über die besten Fitmacher-Lebensmittel und Hinweisen, worauf es bei der jeweiligen Diät besonders ankommt. Wellness-Tipps rund um Fitness, Beauty und Entspannung verstärken die wohltuende Wirkung der Entschlackungskost und helfen Ihnen dabei, die Zeit von Freitag- bis Sonntagabend ganz bewusst und in jeder Hinsicht zur Regeneration zu nutzen.

Die Wohlfühlwochenenden sehen vor, dass Sie an diesen Tagen nur solche Lebensmittel essen, die Ihren Körper nicht belasten – also etwa viel frisches Obst und Gemüse. Außerdem trinken Sie reichlich, um die Nieren gut durchzuspülen und Abfall- und Abbauprodukte aus dem Organismus herauszubefördern. Dass diese Art der Ernährung nichts mit Hungern oder einem Verzicht auf Genuss zu tun hat (im Gegenteil!), beweisen die köstlichen Mahlzeiten beziehungsweise Rezepte, die Sie auf den folgenden Seiten finden.

Ziel eines jeden Wochenendes ist, dass Sie mit guter Laune und einem neuen Körpergefühl in den Alltag zurückkehren. Und vielleicht gefallen Ihnen einzelne Elemente einer Diät oder einer Wellness-Einheit ja so gut, dass Sie diese in Ihren Tagesablauf integrieren? Wir wünschen Ihnen viel Spaß mit diesem vielfältigen Angebot. Suchen Sie sich das Passende heraus, und vor allem: Genießen Sie Ihre Wochenenden!

Kathrin Klemp
Christina Niemann

Wellness durch Entschlacken

Schlacken entstehen durch falsche, einseitige oder übermäßige Ernährung. Zu viel Fett, Süßigkeiten, Alkohol und Nikotin, aber auch Stress können der Grund sein, weshalb sich Schlacken im Bindegewebe bilden. Generell gibt es im Körper laufend Abfallstoffe, deren Entsorgung der Organismus bei gesunder, ausgewogener Lebensweise und Ernährung gut bewältigt. Zu Schlacken werden diese Verdauungs- beziehungsweise Stoffwechselprodukte erst, wenn sie sich einlagern und der Körper die Entsorgung nicht mehr schafft.

Dann sind die Versorgung der Zellen und der Transport lebensnotwendiger Nährstoffe, die eigentlichen Aufgaben des Gewebes, gestört. Denn Sauerstoff und alle Nährstoffe, die mit der Nahrung aufgenommen werden, gelangen über die Bindegewebsflüssigkeit in die Zellen. Diese Flüssigkeit ist das Bindeglied zwischen Körperzellen und Blutgefäßen. Sind die Zellen durch ungesunde Nahrung noch gesättigt, kommt es zu einer Art Stau. Sämtliche Nährstoffe bleiben liegen und „versauern" – im wahrsten Sinne des Wortes. Die Folge: Sie fühlen sich unwohl, aufgedunsen, schlapp, müde und lustlos.

Deshalb ist es wichtig, den Organismus bei dieser schweren Arbeit zu unterstützen. Entschlackungstage helfen dabei, Zellen und Gewebe von überflüssigem Ballast zu befreien und zu „entstauen". Nach jedem unserer Entschlackungswochenenden sind Sie wieder sensibler für die Signale Ihres Körpers, haben Appetit auf gesunde Sachen, spüren, was Ihnen gerade gut tut, und merken rechtzeitig, wenn Sie satt sind. Auf diese Weise halten Sie ohne Anstrengung Ihr Gewicht; lästiges Kalorienzählen und Diäten gehören dann der Vergangenheit an.

Schöne, weiche Haut und eine glänzende Ausstrahlung – das Entschlacken trägt sichtbar dazu bei.

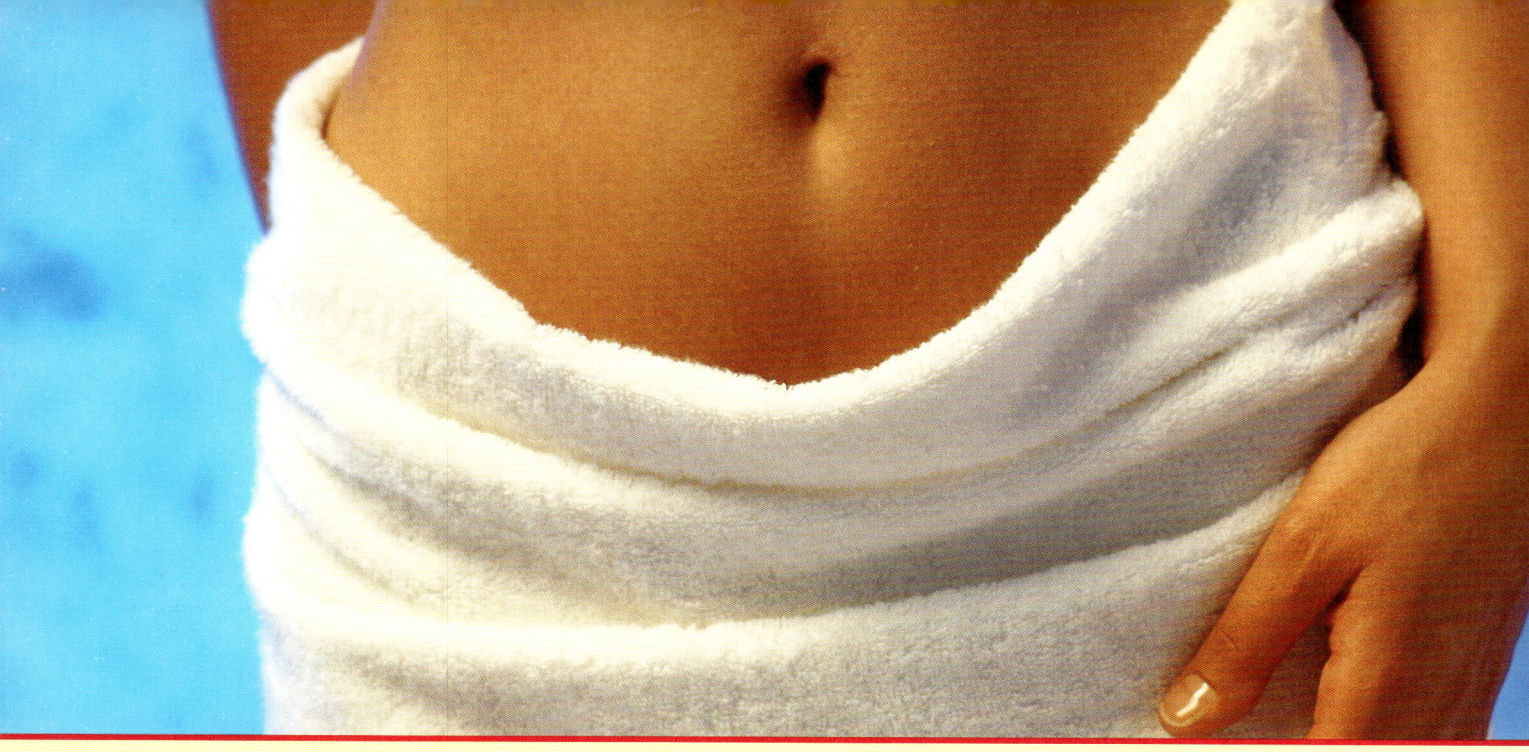

Die sanfte Reinigung von innen ist eine Wohltat für den Darm, unser zentrales Verdauungsorgan.

TRINKEN SIE VIEL!

Ganz wichtig für die Wochenend-Entschlackungskuren ist das Trinken. Die Flüssigkeit sorgt dafür, dass überflüssige Bestandteile der Nahrung über Nieren und Darm abtransportiert werden. Dazu gehören Gifte wie Nikotin und Alkohol oder Schlackenstoffe. Der Körper wird so von innen gereinigt und die Verdauung angekurbelt, Ihre Figur strafft sich, und Sie bekommen eine samtweiche, rosige Pfirsichhaut.

Mindestens zwei bis drei Liter Flüssigkeit sollten Sie pro Tag zu sich nehmen. Ein Glas Wasser stillt außerdem den kleinen Hunger zwischendurch und – vor den Mahlzeiten getrunken – dämpft es den Appetit: Wenn Sie viel trinken, sind Sie nicht mehr so hungrig und essen weniger.

Als Durstlöscher eignet sich am besten Mineralwasser. Bevorzugen Sie eine Sorte mit wenig Kohlensäure oder stilles Wasser. Denn zu viel Kohlensäure kann den Körper übersäuern. Saft-

schorlen, verdünnte Gemüsesäfte und andere kalorienarme Getränke sowie Früchte- oder Kräutertees sind ebenfalls ideal für Ihre Entschlackungswochenenden.

SCHLACKEN MACHEN KRANK

Schlacken belasten den Körper. Diese Abfallprodukte des Stoffwechsels, wie etwa Cholesterin oder Harnsäure, setzen sich in den Blutgefäßen ab, wenn die Reinigungsorgane Leber und Darm es nicht mehr schaffen, regelmäßig und gründlich aufzuräumen. Bleibt die innere Reinigung über einen längeren Zeitraum aus, können mitunter sogar schwere Krankheiten wie Arteriosklerose und Herzinfarkt, Rheuma, Gicht oder Diabetes entstehen oder begünstigt werden.

Regelmäßige Entschlackungswochenenden mit reichlich Obst, Gemüse und Ballaststoffen helfen, kleine oder auch etwas größere Ernährungssünden wieder auszugleichen. Ab und zu sind rein vegetarische Entschlackungskuren ganz besonders wohltuend. Deshalb finden Sie für jede Jahreszeit in diesem Buch auch ein Veggie-Weekend.

DIE VERDAUUNG – ZENTRUM DES WOHLBEFINDENS

Der Darm ist unser zentrales Verdauungsorgan. Hier wird die Nahrung in ihre Bestandteile zerlegt, und lebensnotwendige Nährstoffe wie Vitamine und Mineralstoffe werden von hier über das Blut und die Schleimhäute in Zellen und Gewebe weitergeleitet. Unverdauliche und unerwünschte Bestandteile der Nahrung werden über den Darm aus dem Körper befördert.

Prinzipiell arbeitet unser größtes Verdauungsorgan sehr effizient. Unter günstigen Voraussetzungen stehen 95 Prozent der aufgenommenen Nahrung dem Körper später in Form von Vitalstoffen und Energie zur Verfügung. Kauen wir jedoch zu hastig, sind wir nervös, rauchen beim Essen oder trinken zu viel Alkohol, dann verlässt das Essen den Körper, ohne dass die wertvollen Wirkstoffe herausgelöst worden wären.

Die Darmschleimhaut bildet eine Art Schutzwand, die uns vor krank machenden Erregern schützt. Viele Abwehrzellen des Immunsystems werden in dieser Schleimhaut erst gebildet. Wichtig ist deshalb, dass sie mit Hilfe der Ernährung funktionstüchtig bleibt. Eine beschädigte Darmflora kann einen reibungslosen Abbau nicht mehr gewährleisten. Verdauungsstörungen – wie zum Beispiel Verstopfung – sind die deutlich spürbare Folge.

Damit Ihr Darm einwandfrei arbeiten kann, braucht er ballaststoffreiche Nahrung wie frisches Obst und Gemüse, Hülsenfrüchte, Getreide, Nüsse, Joghurt oder Dickmilch. In knackigem Grünzeug wie Salat sind jede Menge Vitalstoffe enthalten, die in den Blutkreislauf weitergeleitet werden. All diese Nahrungsmittel, die den Organismus fit halten, gibt es an den Entschlackungs-Weekends in diesem Buch reichlich zu essen. Ausreichende Bewegung – dabei reicht ein 20-minütiger Spaziergang oder Treppensteigen statt Fahrstuhlfahren – bringt den Darm außerdem auf Trab und kurbelt die Verdauung an.

Entschlacken – viel mehr als eine Diät

Eine ausgewogene Ernährung und regelmäßiges Entschlacken sind die Grundlagen für einen gesunden, wohlproportionierten Körper. Doch das allein genügt nicht! Stress und Hektik bestimmen bei vielen Menschen den Alltag; Anspannung und eine Lebensweise, der es an Bewegung mangelt, belasten Organismus und Haut und beeinträchtigen die Figur und die gesamte Erscheinung. Wer schön und gesund sein möchte, muss sich auch bewegen! Denn nur vom Diätessen allein nimmt nicht jeder Körper ab. Oft antwortet der Organismus auf reduzierte Nahrungszufuhr mit einem verlangsamten Stoffwechsel – er passt sich der neuen Situation an und verbrennt um bis zu 20 Prozent weniger Kalorien. Bewegung jedoch lässt den Stoffwechsel auf hohen Touren laufen.

Ein weiterer wichtiger Faktor für das Wohlbefinden ist die körperliche und geistige Erholung: Auf Anspannung müssen auch Phasen der Entspannung folgen! Dafür braucht man allerdings etwas Zeit. Und die haben heute leider die wenigsten Menschen. Eine gute Möglichkeit, sich die wichtigen Stunden für die körperliche und geistige Regeneration abzuknapsen, bietet das

Wochenende. Wenn Sie nun einmal im Monat ein kombiniertes Wellness- und Entschlackungswochenende einlegen, werden Sie sich nicht nur rundherum wohl fühlen und Ihre Diät durch Entspannungs- oder Fitnessübungen positiv unterstützen, sondern auch mental wieder aus dem Vollen schöpfen können.

SCHLANKMACHER BEWEGUNG

Die Natur hat uns mit rund zwölf Kilogramm Muskeln ausgestattet, damit wir aufrecht gehen, laufen, springen und Treppen steigen können. Wenn wir uns auf Dauer zu wenig bewegen, bauen wir Muskeln ab. Und stattdessen setzt der Körper hinterhältigerweise Fettpölsterchen an. Unsere einzigen wirklichen „Fatburner" sind unsere Muskeln; denn mit jedem Gramm Muskelmasse verbrennt der Körper mehr Fett! Das bedeutet: Je weniger Bewegung, desto weniger Muskeln, desto weniger Möglichkeiten, Fett zu verbrennen.

Sportbücher haben oft eine entmutigende Wirkung, denn dort können Sie immer wieder lesen: Erst nach 30 Minuten sportlicher Belastung verbrennt der Muskel Fett. Das stimmt nicht. Wenn Sie richtig dosiert trainieren, zapft der Muskel seinen Fettspeicher schon in der ersten Sekunde an. Allerdings gilt (auch wenn es zunächst unlogisch klingt): Je intensiver die jeweilige Belastung ist, desto weniger Fett wird verbrannt. Zum Beispiel beim Treppensteigen: Wenn Sie eine Stufe pro Sekunde nehmen, verbrennen Sie 80 Prozent Fett und 20 Prozent Zucker. Nehmen Sie zwei Stufen pro Sekunde, kehrt sich das Verhältnis um, und Sie verheizen höchstens 20 Prozent Ihres Hüftspecks. Fazit: Sie brauchen sich Ihrer Figur zuliebe nicht bis zur Erschöpfung abzurackern. Mit einem gleichmäßigen Bewegungstraining bei einem Puls unter 130 (messbar mit Pulsuhr) wird nachweislich am meisten Fett verbrannt. Regelmäßiges Ausdauertraining ist also die effektivste Methode, Pfunde zum Schmelzen zu bringen. Netter Nebeneffekt: Die Bewegung setzt im Körper Glückshormone frei, die die Stimmung heben.

ENTSPANNUNG – DIE MENTALE ENTLASTUNG

Was unsere Reaktionen auf Alltagsstress betrifft, funktionieren wir noch wie unsere Vorfahren in der Steinzeit: Wenn Menschen damals von wilden Tieren angegriffen wurden, hatten sie die Wahl, entweder zu kämpfen oder zu flüchten. Diese Möglichkeiten haben wir heute leider nicht mehr, wenn wir aggressiv sind. Wir fressen den Ärger in uns hinein, statt unsere Energie auszutoben. Wenn das häufiger passiert, gerät der Körper in eine ständige Abwehrhaltung, in eine Art Dauerstress.

In unserem Leben häufen sich die Stressfaktoren. Im Beruf geht's meist hektisch zu. Das Leben in der Stadt ist anstrengend. Man ist von Lärm und schlechter Luft umgeben, verbringt viel Zeit im Verkehrsstau oder in der vollen U-Bahn. Auch das Privatleben kann einen schaffen: Konflikte mit dem Partner und der Familie, Sorgen um die Kinder, das tägliche Organisieren von Haushalt und Essen. Dabei neigen besonders Frauen dazu, sich zu überfordern. Denn sie wollen die vielen Dinge, für die sie sich verantwortlich fühlen, auch noch perfekt machen. Die Folge: Ständig wälzen sie Probleme, können nicht mehr abschalten und sogar schöne Dinge, wie einen Spaziergang in der Sonne, nicht mehr genießen. Die seelische und körperliche Reizschwelle ist herabgesetzt. Sie sind nicht mehr belastbar und werden anfällig für Krankheiten und Infekte.

Wenn Ihnen dieser Zustand bekannt vorkommt, ist es höchste Zeit zu entspannen. Das heißt, auch geistig zu entschlacken und den mentalen Ballast über Bord zu werfen! Dieses Loslassen im geistigen Sinn löst Blockaden und Verkrampfungen im Körper und beeinflusst so das gesamte Befinden: Es ist wissenschaftlich erwiesen, dass regelmäßige Entspannung die Muskeln elastischer macht, die Atmung vertieft, die Durchblutung fördert, den Blutdruck senkt, den Hormonspiegel reguliert und die Abwehrkräfte stärkt.

SCHLAFEN – DIE BESTE ENTSPANNUNG ÜBERHAUPT

Ganz gleich, für welche Entspannungsmethode Sie sich entscheiden: Achten Sie immer darauf, dass Sie ausreichend schlafen, denn Schlaf ist die beste und natürlichste Entspannung, die es gibt. Schlafen Sie sich am Wochenende mal so richtig aus! Nach einer erholsamen Nacht ist die Welt wieder in Ordnung – Sie sind gut gelaunt, fit und für die Anforderungen des Tages gerüstet.

Während der Nacht werden viele Körpervorgänge auf Sparflamme gesetzt. Die Körpertemperatur sinkt um einige Zehntel Grade, der Atem wird flacher und langsamer, der Pulsschlag ist reduziert, der Blutdruck niedriger. Der Körper produziert weniger Stresshormone als im wachen Zustand, dafür vermehrt sich das Hormon Melatonin. Kurz: Der Organismus läuft während des Schlafens viel langsamer, dadurch tanken wir neue Energie für den Tag. Nur die Hautzellen arbeiten emsig: Zwischen Mitternacht und vier Uhr morgens ist ihre Zellteilung am intensivsten. Also, Schlaf ist das beste Wellness- und Beauty-Mittel und die perfekte Unterstützung für ein Entschlackungswochenende.

Übrigens: Haben Sie keine Hemmungen, sich am Wochenende auch mal ein Nickerchen auf dem Sofa zu gönnen. Auch der kleine Schlaf zwischendurch ist extrem erholsam.

Echt stark: Sport und Bewegung bringen nicht nur überflüssige Pfunde zum Schmelzen, sie heben auch die Laune.

FRÜHLINGSERWACHEN

Die ersten zarten Knospen wecken uns aus dem Winterschlaf. Jetzt kommen **Frühlingsgefühle** auf und locken uns **nach draußen**. Der Körper lechzt nach Bewegung, Licht und Luft. Aromatische Kräuter und frisches, ballaststoffreiches Gemüse **reinigen von innen** und bringen uns in Schwung.

März: Fatburner-Weekend

Winterspeck sicherte unseren Vorfahren das Überleben. Heute – im Zeitalter der Zentralheizung – sorgen unsere Gene leider immer noch dafür, dass wir uns während der kalten Jahreszeit Reserven anfuttern. Spätestens im Frühling aber wollen wir die überflüssigen Pfunde wieder loswerden. Am besten gelingt das mit „Fatburnern" und Ausdauersport wie Joggen oder Inline-Skaten.

Essen Sie sich schlank

Fatburner machen heute viel von sich reden. Es sind natürliche Substanzen, die im Organismus für eine optimale Fettverbrennung sorgen und dadurch den Stoffwechsel aktivieren. Dazu gehören Nährstoffe wie Kohlenhydrate und Eiweiß, Vitamine, Spurenelemente und Mineralstoffe sowie körpereigene Hormone. Mit unserem Fatburner-Wochenende können Sie dem Winterspeck durch gezielte Ernährung und Übungen erfolgreich zu Leibe rücken.

RAN AN DEN SPECK

Fett verbrennt im Feuer der Kohlenhydrate. Deshalb sollten Sie Ihren Hunger mit reichlich gesunden Kohlenhydraten aus Nudeln, Kartoffeln, Brot, Müsli, frischem Obst und Gemüse stillen. Wer viel davon isst, wird schneller satt, und der Blutzuckerspiegel bleibt schön im Gleichgewicht.

Auch Muskeln sind wahre „Fettfresser". Sie werden aus Eiweiß aufgebaut. Nur wenn genug davon vorhanden ist, wachsen die fetthungrigen Stränge – stimuliert durch viel Bewegung – zu ansehnlichen Wölbungen heran. Der Eiweißbaustein Methionin spielt eine Schlüsselrolle beim Muskelaufbau und damit auch bei der Fettverbrennung. Methionin steckt unter anderem in Leber, Eigelb, Fleisch, Linsen, Fisch, Geflügel, Käse, Joghurt und allen Sojaprodukten.

Um die Winterpölsterchen schmelzen zu lassen, ist Vitamin C unentbehrlich: Es hilft, Fett mobilisierende Hormone herzustellen. B-Vitamine sind Bestandteile von Enzymen, die die Stoffwechselfunktionen beschleunigen oder überhaupt erst möglich machen. Gute Quellen sind Vollkornprodukte, Kartoffeln, Nudeln, Obst und Gemüse.

Unter den Spurenelementen ist Jod der Feind des Winterspecks; es ist das zentrale Bauelement der Schilddrüsenhormone. Wenn zu wenig davon vorhanden ist, läuft der Stoffwechsel auf Sparflamme. Besonders jodhaltig sind Seefische, Meeresfrüchte sowie mit Jodsalz zubereitete Speisen. Noradrenalin ist das positive Stresshormon des Körpers. Es sorgt dafür, dass der Organismus schnell mit Energie versorgt wird – bevorzugt aus den Fettreserven. Das Hormon wird aus Eiweißbausteinen hergestellt und ist vor allem in Milch, Joghurt, Eiern, Geflügel oder Meeresfrüchten vorhanden.

Die folgenden Rezepte und Hinweise helfen Ihnen, die „Fatburner" optimal zusammenzustellen und übers Wochenende schnell mal ein paar Pfund abzunehmen – damit der Frühling kommen kann.

FITMACHER DES MONATS

Schellfisch: Mit bis zu zehn Kilogramm Gewicht bei einem Meter Länge gehört dieser Wasserbewohner zu den schweren Fischen. Sein Fleisch ist aber mit 0,1 Gramm Fett pro 100 Gramm nicht nur besonders mager, sondern enthält zusätzlich leicht verdauliches Eiweiß, Selen, Jod, Kalium, Kalzium, Zink und B-Vitamine. Kurz gegrillt mit würzigen Kräutern wie Thymian oder Rosmarin ist Schellfisch eine Delikatesse.

Spinat: Die dunkelgrünen, aromatischen Blätter stammen ursprünglich aus dem persisch-arabischen Raum. Spinat enthält hochwertiges Eiweiß, reichlich Vitamin C, Folsäure und B-Vitamine, dazu Jod und Magnesium. Chlorophyll macht die zarten Blätter so schön grün und sorgt im Organismus dafür, dass unsere Immunabwehr gestärkt wird. Bitterstoffe wie die hormonähnliche Substanz Sekretin regen die Bauchspeicheldrüse an und unterstützen die gesamte Verdauung. Carotinoide wie Betacarotin schützen Haut und Schleimhäute und stärken die Augen. Besonders köstlich ist Spinat mit Tomaten als knackiger Salat.

ZWISCHENMAHLZEITEN

Zwei pro Tag zum Aussuchen:
➤ 2 EL körnigen Frischkäse mit Jodsalz, Pfeffer und 1 TL gehackten Kräutern verrühren und auf 1 Sesamknäckebrot streichen.
➤ 2 Reiscrispies, 1 Blutorange.
➤ 200 ml Buttermilch mit 2 EL honiggesüßtem Sanddornsaft (Reformhaus) und etwas Zimt verrühren.
➤ 2 Grissini, umwickelt mit 2 hauchdünnen Scheiben Parmaschinken.

Das Kochen im Wok ist gesund und fettarm, und die Zutaten bleiben dabei appetitlich und knackig.

Ab dem Frühjahr gibt es wieder frisch geernteten Spinat – greifen Sie ruhig öfter einmal zu!

Schellfisch-Nuggets aus dem Wok

Freitag

ABENDS: SCHELLFISCHGRATIN

➤ **Zutaten:** *50 g Basmati-Vollkornreis, Jodsalz, 1 kleine Tomate, 300 g Blattspinat, Pfeffer, gemahlene Muskatnuss, 1/2 Zitrone, 200 g Schellfischfilet, 1 EL fein geriebener Parmesan*

SO WIRD'S GEMACHT

Reis in Salzwasser quellen lassen. Tomate in Scheiben schneiden. Spinat verlesen, abspülen. Tropfnass in einen heißen Topf geben und zusammenfallen lassen. Mit Salz, Pfeffer und Muskat würzen und abtropfen lassen. Zitrone in Scheiben schneiden. Fisch abspülen, trockentupfen und würzen. Spinat in eine Auflaufform geben, Tomaten- und Zitronenscheiben und Fisch darauf legen und zuletzt Parmesan darüber streuen. Im Ofen bei 200 Grad 15 Minuten überbacken. Dazu Reis essen.

Samstag

MORGENS: BANANENMÜSLI

➤ **Zutaten:** *3 EL Fünfkornmüsli, 1 kleine Banane, 150 ml Kefir, 1 TL Ahornsirup, etwas Zitronenmelisse*

SO WIRD'S GEMACHT

Müsli und Banane in Scheiben in einem Schälchen anrichten. Kefir und Ahornsirup darüber geben. Mit Melisse garnieren.

MITTAGS: PENNE MIT SPINAT

➤ **Zutaten:** *40 g Penne, Jodsalz, 1 TL Pinienkerne, 1 Zwiebel, 1 TL Olivenöl, 4 Champignons, 200 g Blattspinat, Pfeffer, Cayennepfeffer*

SO WIRD'S GEMACHT

Nudeln in Salzwasser nach Packungsanweisung garen. Pinienkerne in einem Topf anrösten, herausnehmen. Zwiebel schälen, hacken und im Öl andünsten. Pilze klein schneiden, Spinat verlesen. Beides zur Zwiebel geben und unter Wenden 1 Minute braten, würzen. Nudeln abgießen, mit dem Gemüse mischen und abschmecken, Pinienkerne darüber streuen.

ABENDS: SCHELLFISCH-NUGGETS

➤ **Zutaten:** *100 g Basmati-Vollkornreis, Jodsalz, 2 Möhren, 100 g Blattspinat, 1 Zwiebel, 1 TL Sonnenblumenöl, Saft von 1/2 Limette, 1 TL Honig, Cayennepfeffer, 200 g Schellfischfilet*

SO WIRD'S GEMACHT

Reis in Salzwasser quellen lassen. Möhren in Scheiben schneiden, Spinat verlesen. Zwiebel hacken und im Öl andünsten. Möhre und Spinat zugeben, unter Rühren im Wok 3 Minuten braten. Limettensaft, 3 EL Wasser, Honig, Salz und Cayennepfeffer zugeben. Fisch abspülen, in Stücke schneiden, würzen und auf dem Gemüse 5 Minuten zugedeckt garen. Dazu die halbe Menge Reis. Die andere Hälfte für Sonntagabend aufheben.

Sonntag
MORGENS: SCHNITTLAUCHRÜHREI

➤ **Zutaten:** *1 Ei (Größe S), 2 EL Mineralwasser, Jodsalz, Pfeffer, 1/2 Bund Schnittlauch in feinen Röllchen, 1 Scheibe Vollkornbrot, 2 Saftorangen*

SO WIRD'S GEMACHT

Ei, Mineralwasser, Salz, Pfeffer und Schnittlauch verquirlen. In einer beschichteten Pfanne zu einem Rührei stocken lassen. Auf dem Vollkornbrot anrichten. Orangen auspressen, Saft zu Brot und Ei trinken.

MITTAGS: FRÜHLINGSROLLEN MIT PUTENBRUST

➤ **Zutaten:** *3 Reispapierblätter (12 cm Durchmesser; aus dem Asialaden), 2 Scheiben geräucherte Putenbrust, 2 Möhren, 50 g Salatgurke, etwas frische Petersilie, 2 EL Radieschensprossen, 2 EL süßsaure Fertigsoße (aus dem Asialaden)*

SO WIRD'S GEMACHT

Reispapierblätter auf einem Küchenhandtuch ausbreiten und mit Wasser bestreichen, einweichen lassen. Putenbrust, Möhren und Gurke klein schneiden und mischen. Petersilie hacken, untermischen. Vorbereitete Zutaten und Radieschensprossen auf den Reisblättern verteilen, aufrollen, Seiten dabei nach innen klappen. Nach Belieben kalt zum süßsauren Dip essen oder 4 Minuten über Wasserdampf in einem Bambusdämpfer (Asialaden) oder in einem Sieb erhitzen.

ABENDS: PIKANTER REISSALAT

➤ **Zutaten:** *1 kleines Stück frischer Ingwer, 1 Lauchzwiebel, 50 g Magerjoghurt, Jodsalz, Pfeffer, mildes Currypulver, 1 kleiner Apfel, 75 g junger Blattspinat, Basmati-Vollkornreis vom Samstag*

SO WIRD'S GEMACHT

Ingwer schälen, Ingwer und Zwiebel fein hacken. Mit Joghurt, Salz, Pfeffer und Curry verrühren. Apfel entkernen, fein würfeln und mit dem Dressing mischen. Spinat verlesen, abspülen und gut abtropfen lassen. Spinat und Reis auf einem Teller anrichten. Dressing darüber träufeln.

Entspanntes Joggen ist der ideale Fatburner-Sport. Wem dabei die Puste ausgeht, der läuft allerdings zu schnell.

Joggen und Skaten – die effektive Tour

Aktivität kurbelt den Fettverbrauch des Körpers an. Dabei kommt es gar nicht darauf an, athletische Höchstleistungen zu vollbringen. Im Gegenteil: Nur im niedrigen Belastungsbereich der ruhigen Ausdauersportarten – wie Joggen und In-line-Skaten – reicht die Sauerstoffversorgung des Körpers aus, um Fett zur Energiegewinnung heranzuziehen. Durch die gleichmäßige Bewegung an frischer Luft wird die Sauerstoffversorgung optimiert und die Fettverbrennung angeregt. Zusatzplus: Das Herz arbeitet ökonomischer, der Blutfettspiegel wird positiv beeinflusst und das Immunsystem gestärkt.

SO KRIEGEN SIE IHR FETT WEG

Langsames Joggen ist in jeder Hinsicht der ideale Fatburner-Sport. Egal, wo Sie wohnen oder sich gerade aufhalten, joggen können Sie eigentlich immer und überall. Als Equipment benötigen Sie nur ein paar gute Laufschuhe und bequeme, atmungsaktive Sportkleidung. Dann geht's schon los! Um im richtigen Fettverbrennungsbereich zu bleiben, darf Ihnen während des Laufens niemals die Puste ausgehen. Faustregel: 220 minus Lebensalter = Maximalpuls. Davon sind 60 bis 70 Prozent die optimale Trainingszone. Also: Wenn Sie 30 Jahre alt sind, liegt Ihr Maximalpuls bei 190 Schlägen pro Minute; die optimale Trainingszone ist ein Puls von 114 bis 133. Eine zuverlässige Kontrolle bietet ein Pulsmesser. Oder folgende Atemtechnik: Atmen Sie drei Schritte lang ein und drei Schritte lang aus. Wird die Luft knapp, sollten Sie das Tempo drosseln, während Sie den Atemrhythmus beibehalten. Passen Sie so Ihr Tempo der Atmung an (nicht umgekehrt!).
Tipp: Wenn Sie sich während des Laufens noch mit sich selbst oder Ihrem Laufpartner unterhalten können, ist alles im grünen Bereich.

FREITAGABEND: RUN MIT FUN

Haben Sie Geduld, damit Ihr Körper sich auf die ungewohnte Belastung einstellen kann. Lassen Sie's ruhig angehen, und erzwingen Sie nichts. Mehr als 15 Minuten Laufen am Stück sollten Sie sich heute nicht zumuten. Ungeübte können auch erst mal vorsichtig mit einem Wechsel von Geh- und Laufintervallen beginnen.

SAMSTAG UND SONNTAG: AUF TRAB KOMMEN

Morgens ist die Welt noch in Ordnung. Traben Sie deshalb am besten gleich nach dem Aufstehen ohne Frühstück los. Das kostet zwar Überwindung, spart aber Zeit und hat einen großen Vorteil: Wer nüchtern trainiert, zwingt den Körper, Fett zu verbrennen, weil nur wenig vom schnell verfügbaren Zucker im Blut kreist. Dieser reinigende Fatburning-Effekt wird immer dann in Gang gesetzt, wenn der Körper sich nach einer längeren Phase der Nüchternheit bewegt. Deshalb nie unmittelbar nach dem Essen joggen!

Damit Sie keine Verletzung riskieren, wenn Sie noch etwas ungelenk frisch aus dem Bett kommen, gehen Sie zunächst am besten fünf Minuten im raschen Schritt und lockern mit ein paar Stretching-Übungen Ihre Muskeln. Dehnen Sie etwa 20-mal jeweils für zwei Sekunden mit geradem Rücken die Waden- und Oberschenkelmuskulatur. Dann joggen Sie langsam und locker zirka eine viertel Stunde drauflos. Danach legen Sie einige Kurzsprints von bis zu sieben Sekunden ein, damit die Fettverbrennung mal so richtig einheizt. Aber nicht übertreiben, damit der Körper nicht in ein Sauerstoffdefizit gerät, das die Fettverbrennung verhindert. Trinken Sie ab und zu einen Schluck Wasser (etwa einen halben Liter), damit Ihre Flüssigkeits- und Mineralstoffversorgung gewährleistet ist, wenn der Schweiß tropft. Dadurch vermeiden Sie auch einen Leistungsknick.

Fühlt sich einfach gut an: Skaten.

TIPP

Im Trend: Skaten gegen Fettpölsterchen

➤ Auf Rollen verbrauchen Sie nicht nur mehr Kalorien als beim Laufen, Skaten ist auch sonst für Einsteigerinnen, die abnehmen möchten, ideal: Denn die gleitende Fortbewegung intensiviert das Körpergefühl. Und wer einen neuen, lustvollen Zugang zu seinem Körper findet, tut sich leichter, seine Ernährung umzustellen.

➤ Ein weiterer Pluspunkt: Knie- und Fußgelenke werden kaum belastet. Der einzige Haken am Skaten ist das relativ hohe Verletzungsrisiko. Deshalb sollten Sie den Ausflug auf den Asphalt grundsätzlich immer nur mit Schutzausrüstung (Helm, Hand-, Knie- und Ellenbogenschützer) wagen.

April: Ernährung und Haut im Gleichgewicht

Säuren und Basen spielen für unseren Stoffwechsel – und damit für unsere Gesundheit und unser Wohlbefinden – eine große Rolle. Die richtige Ernährung sorgt für Balance im Körper und macht fit für den Frühling. Dampfbäder und Peelings bringen die Haut sanft ins Gleichgewicht.

Die Säure-Basen-Balance

Jeder Mensch isst und trinkt, um den Körper mit Nährstoffen und Energie zu versorgen und um sich wohl zu fühlen. Doch Stress, Hektik, Bewegungsmangel und hastiges Essen bringen den Organismus ganz schön durcheinander. Die unangenehme Folge ist ein Ungleichgewicht im Säure-Basen-Haushalt. Säuren und Basen sind chemische Verbindungen und gelangen mit der Nahrung in den Körper. Da die komplizierten Prozesse des Stoffwechsels nur bei einem bestimmten Säuregrad optimal ablaufen, ist eine konstante Regulierung extrem wichtig für Wohlbefinden und Leistungsfähigkeit. Diese Regulierung geschieht über die Nahrung, die wir zu uns nehmen. Allerdings: Säuren produziert der Körper selbst, Basen hingegen müssen ihm mit dem Essen zugeführt werden.

Die Ernährungsgewohnheiten in den westlichen Industrieländern – zu fett, zu eiweißhaltig, zu süß – bedeuten für den Körper Schwerstarbeit, denn meistens geht damit ein starkes Überangebot an Säuren einher. Ein Teil der Säuren wird über den Darm, die Nieren, die Haut oder die Schleimhäute ausgeschieden. Der Rest zirkuliert im Organismus und wird im Bindegewebe zwischengelagert. Eine starke und langfristige Übersäuerung des Körpers kann Gicht, Kopfschmerzen und Migräne oder Entzündungen der Haut verursachen.

SAURE UND BASISCHE LEBENSMITTEL

Welche Produkte sauer und welche basisch sind, richtet sich nach ihrer Wirkung im Körper. Als Faustregel gilt: Je mehr Eiweiß ein Lebensmittel enthält, desto mehr Säure bildet es. Daher gelten Fleisch, Fisch, Käse und Hülsenfrüchte als sauer.

Wenn Sie sich ausgewogen und abwechslungsreich ernähren möchten, sind Sie mit einem Verhältnis von 20 Prozent säurebildenden und 80 Prozent basischen Lebensmitteln gut beraten. Das heißt, bei Obst, fast allen Gemüsen und Kartoffeln dürfen Sie zum Beispiel uneingeschränkt zugreifen. Fleisch, die meisten Milchprodukte, Mehl und Backwaren sollten Sie nur als Beilage genießen. Frische Kräuter sind basenhaltig, deshalb dürfen Sie die grünen Powerpflänzchen verschwenderisch einsetzen – super als Tee oder fein gehackt zu Salaten oder Suppen. Sie kurbeln den Stoffwechsel an und enthalten ätherische Öle, die beim Entschlacken helfen.

Während der Wochenenddiät, die wir hier vorstellen, sollten Sie folgende Säurebildner unbedingt meiden: Kaffee, Schwarztee, Matetee, Alkohol, Cola-Getränke, Süßigkeiten, Marmeladen, Konserven, Fast Food.

Mit der Säure-Basen-Diät können Sie problemlos entschlacken und sich wohl fühlen. Die Hauptmahlzeiten und Snacks sind überwiegend basisch. Sie helfen auf köstliche Art und Weise, ein

Bananen stecken voller Vitalstoffe und sind die idealen Sattmacher für zwischendurch.

Tees spielen an diesem Wochenende eine besondere Rolle – genießen Sie die Aromen der verschiedenen Kräuter.

Ungleichgewicht im Organismus wieder sanft ins Lot zu bringen. Der aromatische Kräutertee aus Pfefferminze, Melisse, Fenchel, Anis oder Kümmel regt zusätzlich den Stoffwechsel an, reinigt und regeneriert den Darm.

— FITMACHER DES MONATS

Schnittlauch hat wie seine Verwandten Zwiebeln und Knoblauch eine keimhemmende Wirkung. Verantwortlich dafür sind schwefelhaltige Verbindungen, die ihm auch seine scharfe Note verleihen. Daneben enthalten die würzigen Halme reichlich Kalium (den Natrium-Gegenspieler), nervenstärkendes Magnesium, blutbildendes Eisen und die Radikalenfänger Betacarotin, Vitamin E und C.

Bananen enthalten Kalium und Magnesium, und diese Vitalstoffe wirken als Gefäß- und Herzschutz. Die gelbe Powerfrucht kann durch ihre stark basische Wirkung helfen, einen Säureüberschuss im Körper auszugleichen. Das Hormon Serotonin

hilft außerdem bei Stress, stärkt die Konzentration und hebt die Laune. Der Eiweißbaustein Tryptophan beruhigt und sorgt für entspannten Schlaf.

— ZWISCHENMAHLZEITEN

Zwei pro Tag zum Aussuchen:

➤ Erdbeer-Bananen-Fruchtsalat: 200 g Erdbeeren und 1 kleine Banane klein schneiden, mischen. 2 Minzeblättchen in Streifen schneiden und untermischen. 1 TL Mandelblättchen rösten, darüber streuen.

➤ Bananen-Kefir-Shake: 1 kleine Banane, 2 EL Limettensaft und 150 ml Kefir im Mixer verrühren.

➤ 2 Mini-Kokoszwieback, dazu 1 Kiwi.

➤ Bananen-Quark-Tiramisu: 2 Mini-Kokoszwieback in ein Schälchen legen, mit dem Saft von 1/2 Orange beträufeln. 1 kleine Banane in Scheiben darauf verteilen. 75 g Magerquark, 1 EL Mineralwasser, Saft von 1/2 Orange und 1 TL Honig verrühren, auf den Bananen verteilen. Gut gekühlt genießen.

Schnittlauch-Lachs-Toast

Freitag

ABENDS: GRÜNER SPARGEL ZU BANDNUDELN

➤ **Zutaten:** *1 TL Mandelblättchen, 300 g grüner Spargel, Jodsalz, 1 EL Limettensaft, 50 g schmale Bandnudeln, weißer Pfeffer, 1 TL Weizenkeimöl, 1 Bund Schnittlauch, 1 kleine Tomate*

SO WIRD'S GEMACHT

Mandeln in einem Topf rösten, herausnehmen. Spargel in Stücke schneiden. Mit 6 EL Wasser, Salz und Limettensaft aufkochen, 5 Minuten dünsten. Nudeln nach Packungsanweisung garen. Spargel abgießen. 3 EL Spargelkochwasser, Salz, Pfeffer und Weizenkeimöl verrühren. Schnittlauch in feine Röllchen schneiden, unterrühren. Nudeln abgießen. Spargel und Nudeln mit der Vinaigrette mischen. Tomate würfeln und mit den Mandeln über die Spargel-Nudeln streuen.

Dazu: Für den Abend eine Kanne Kräutertee (0,75 l) kochen und nach und nach trinken (ideal: eine Mischung aus Fenchel, Kümmel, Anis, Pfefferminze oder Melisse).

Samstag

Für den Vormittag eine Kanne Kräutertee (0,75 l) kochen.

MORGENS: SCHNITTLAUCHRÜHREI

➤ **Zutaten:** *1 kleines Ei (Größe S), 2 EL Mineralwasser, Jodsalz, schwarzer Pfeffer aus der Mühle, 1/2 Bund Schnittlauch, 2 Scheiben Lachsschinken ohne Fettrand, 1 Scheibe Sesamknäckebrot, 2 Saftorangen*

SO WIRD'S GEMACHT

Ei, Mineralwasser, Salz und Pfeffer verquirlen. Schnittlauch in feine Röllchen schneiden, zugeben. Eine kleine beschichtete Pfanne erhitzen, Ei darin unter Rühren stocken lassen. Schinken in Streifen schneiden. Schnittlauchrührei mit Lachsschinkenstreifen auf dem Knäcke anrichten. Dazu: Orangensaft.

MITTAGS: HÄHNCHEN MIT SCHNITT-LAUCH-PARMESAN-FÜLLUNG

➤ **Zutaten:** *40 g Wildreis (ersatzweise Vollkornreis), Jodsalz, 1/2 Bund Schnittlauch, 2 EL fein geriebener Parmesan, schwarzer Pfeffer, 1 Hähnchenfilet (150 g), 1 TL Sonnenblumenöl, 2 EL TK-Erbsen, 1 Fleischtomate, frischer Salbei, 1 oder 2 Holzspießchen*

SO WIRD'S GEMACHT

Reis in Salzwasser nach Packungsanweisung garen. Schnittlauch in feine Röllchen schneiden, mit Parmesan und Pfeffer mischen. Hähnchenfilet abspülen, trockentupfen und seitlich eine tiefe Tasche einschneiden. Schnittlauch-Parmesan-Füllung hineingeben. Mit einem Holzspießchen zustecken. Filet im heißen Öl rundherum 10 Minuten braten, würzen. Die Erbsen 5 Minuten vor Ende der Garzeit zum Reis geben. Tomate grob würfeln und 3 Minuten mit dem Filet schmoren. Mit Salz, Pfeffer und Salbei würzen.

Für den Nachmittag eine Kanne Kräutertee (0,75 l) kochen.

ABENDS: ERBSENCREMESUPPE

➤ **Zutaten:** *1 TL Mandelblättchen, 1 Scheibe Vollkornbrot, 1 TL Sonnenblumenöl, Jodsalz, 250 g TK-Erbsen, 250 ml Gemüsebrühe (Instant), Pfeffer, 50 ml Kefir, 1 kleines Stück Knoblauchzehe, 1/2 Bund Kerbel*

SO WIRD'S GEMACHT

Mandeln in einem Topf rösten, herausnehmen. Brot fein würfeln. Öl im Topf erhitzen, Brotwürfel darin knusprig braten, herausnehmen und salzen. Erbsen in der Brühe 8 Minuten dünsten. Alles fein pürieren, abschmecken. Kefir, Salz und Pfeffer verrühren. Knoblauch dazudrücken. Kerbel fein schneiden und unterrühren. Erbsencremesuppe in einem tiefen Teller anrichten. Kefir in die Mitte gießen. Mandelblättchen und Croûtons darüber streuen.

Sonntag

Für den Vormittag eine Kanne Kräutertee (0,75 l) kochen.

MORGENS: SCHNITTLAUCH-LACHS-TOAST

➤ **Zutaten:** *75 g Magerquark , 2 EL Mineralwasser, Jodsalz, Pfeffer, 1/2 Bund Schnittlauch in feinen Röllchen, 1 Vollkorntoast, 1 Scheibe (25 g) Räucherlachs, 200 g Erdbeeren, 1 kleine Banane, etwas frische Minze in Streifen*

SO WIRD'S GEMACHT

Quark, Mineralwasser, Salz, Pfeffer und Schnittlauch verrühren. Auf den gerösteten Toast streichen. Lachs in Scheiben schneiden, darauf anrichten. Erdbeeren und Banane klein schneiden, mit Minze mischen. Zum Toast essen.

MITTAGS: KARTOFFELRÖSTI MIT SCHWEINEMEDAILLON

➤ **Zutaten:** *1 Schweinemedaillon (120 g), 2 TL Sonnenblumenöl, Jodsalz, Pfeffer, 2 große Kartoffeln (200 g), 1 Bund Schnittlauch, Saft von 1/2 Orange, 1 Messerspitze Dijon-Senf, 1 TL Olivenöl, 40 g Feldsalat, 2 mittelgroße Champignons*

SO WIRD'S GEMACHT

Medaillon in 1 TL Sonnenblumenöl in einer beschichteten Pfanne je Seite 1 bis 2 Minuten braten, würzen, warm stellen. Kartoffeln schälen, auf einer Reibe grob raspeln, würzen. Schnittlauch in Röllchen schneiden, unterrühren. Orangensaft, Salz, Pfeffer, Senf und Olivenöl verquirlen. Salat putzen, Pilze in Scheiben schneiden. Beides mit der Vinaigrette mischen. Aus den Kartoffeln in restlichem Öl 2 knusprige Rösti braten, mit Salz und Schweinemedaillon servieren.

Für den Nachmittag eine Kanne Kräutertee (0,75 l) kochen.

ABENDS: PUTEN-CURRY-SALAT AUF TOAST

➤ **Zutaten:** *1 EL TK-Erbsen, 50 g fettarmer Joghurt, Jodsalz, Pfeffer, mildes Currypulver, 1 kleine rote Paprika, 75 g geräucherte Putenbrust als Aufschnitt, 1/2 Bund Schnittlauch, 2 Scheiben Vollkorntoast*

SO WIRD'S GEMACHT

Erbsen auftauen lassen. Joghurt, Salz, Pfeffer und Curry verrühren. Paprika und Putenaufschnitt würfeln und unterrühren. Schnittlauch fein schneiden. Erbsen und Schnittlauch ebenfalls unterrühren, nochmals abschmecken. Toast rösten und zum Salat servieren.

Eine sanfte Massage mit Bürste oder Spezialhandschuh regt den Stoffwechsel der Haut an.

Einmal häuten bitte!

So wie junge Pflanzen im Frühling sprießen, muss auch der Mensch seine inneren Kräfte wecken. Von all dem, was uns während der Wintermonate körperlich oder auch emotional eingeengt hat, möchten wir uns jetzt befreien. Am liebsten würden wir aus unserer Hülle schlüpfen und die fahle Winterhaut wie eine alte Larve ablegen, damit unser Teint – rosig geschält – frisch erblüht.

PEELING UND DAMPFBAD

Jeden Tag stößt unsere Haut zirka vier Prozent ihrer Zellen ab. An Fersen, Knien und Ellenbogen bilden diese Schuppen eine dickere Schutzschicht. Es entsteht Hornhaut, die keine Feuchtigkeit mehr aufnehmen kann. Ein Peeling (übersetzt: abschälen oder abblättern) fördert den Zellerneuerungsvorgang, weil es die obere Schicht der abgestorbenen Hautzellen sowie Schmutz und Talg einfach wegrubbelt. Die neue, darunter liegende Hautschicht kommt zum Vorschein, Hautunebenheiten werden geglättet. Außerdem regt das Rubbeln die Durchblutung in der Lederhaut (Dermis) an.

Ein Dampfbad (bei 40 bis 50 Grad Celsius) bereitet Ihre Haut optimal auf den mechanischen Reinigungsprozess vor, denn die Wärme öffnet sanft die Poren, Giftstoffe werden ausgeschwitzt. Zehn Minuten reichen bereits aus. Viele Fitness-Studios oder Hotels verfügen über Dampfbäder, die sich wegen der hohen Luftfeuchtigkeit besser für ein Beauty-Programm eignen als Saunen.

Zu Hause können Sie sich selbst ganz einfach ein kleines Gesichtsdampfbad machen: Beugen Sie Ihren Kopf über eine Schüssel dampfend heißes Wasser – bereits nach fünf Minuten öffnen sich Ihre Hautporen. Kamillenessenz beruhigt zusätzlich. Ein Handtuch, das Sie sich über den Kopf und die Schüssel legen, hilft, die Wärme zu halten.

TROCKENMASSAGE FÜR MORGENMUFFEL

Die Trockenmassage mit Noppenbürste, Sisal-, Luffa- oder Rosshaarhandschuh wirkt morgens – vor dem Duschen – durchblutungsfördernd und ist ein wahrer Muntermacher. Täglich durchgeführt, sollte sie allerdings nicht länger als drei Minuten dauern. Kratzen Sie die Haut dabei nicht rot, sondern streicheln Sie sie eher sanft. Bürsten Sie immer zum Herzen hin, beginnend am rechten Fuß über die Außen- und Innenseite des rechten Beines. Dann links ebenso fortfahren. Unterleib, Bauch, Po und Rücken folgen. Danach Hals, Schultern, Dekolleté und Busen. Die Brüste kreisförmig umrunden, dabei die Brustspitzen aussparen. Zum Schluss die Arme von den Fingerspitzen bis zur Schulter und den Achselhöhlen massieren, erst rechts und dann links.

PEELING MIT CREME ODER GEL

Wenn Sie es lieber feucht mögen, bringen Sie eine Peeling-Creme oder ein Gel zum Einsatz. Diese Produkte enthalten neben kleinen, rundgeschliffenen Kunststoffkörnchen auch waschaktive Substanzen. Deshalb sollten sie höchstens einmal in der Woche angewendet werden, da sie sonst die hauteigene Schutzschicht angreifen können.

Die Cremes massieren Sie am besten mit kreisförmigen Bewegungen nach einer warmen Dusche in die noch feuchte Haut ein. Anschließend alles gründlich abduschen und – ganz wichtig – mit einer fetthaltigen Creme oder Lotion eincremen, denn die Haut braucht jetzt Fett. Sie können auch einen Massagehandschuh in Olivenöl tauchen und dann in Salz wenden. Die Massage mit dieser klassischen Öl-Salz-Mischung verwöhnt vor allem trockene Haut. Ein Handschuh aus Seide, wie man ihn in der Türkei kennt, peelt empfindliche Haut besonders schonend; denn man benötigt dazu nur Wasser und keine weiteren Präparate.

Hamam — Wohltat für Haut und Seele

➤ Wenn Sie sich etwas besonders Gutes tun wollen, gehen Sie in ein türkisches Dampfbad, ein Hamam. Orientalische Badehäuser bieten Komplettsanierung für Body und Soul. Dieses 6000 Jahre alte, ursprünglich in Jordanien entwickelte Wellnessprogramm findet auch in Westeuropa immer mehr Anhängerinnen.

➤ Nach einer Dampfkur (etwa 50 Grad Celsius bei 95 Prozent Luftfeuchtigkeit) folgt ein Ganzkörperpeeling („Kese") mit einem Seidenhandschuh. Wahlweise kann man sich dazu eine Schlammkur gönnen, sich enthaaren oder massieren lassen.

➤ Der Erfolg ist garantiert: Die Wärme sorgt für rosige Haut, denn die Blutgefäße erweitern sich und der Stoffwechsel kommt auf Touren, die Hornschicht der Haut weicht auf. Zusatzeffekt: Die Wärme entspannt, Muskeln und Bindegewebe relaxen. Deshalb wirken anschließende Massagen besonders gut.

➤ Neben der Körperpflege dient ein Hamam im Orient auch als eine Art Kontaktbörse: Dort wird gehandelt, es werden potenzielle Schwiegertöchter begutachtet, und es wird natürlich getratscht. Aber auch in Deutschland löst die wohlige Wärme die Zunge so manch schüchterner Badenixe.

Mai: „Nice Days" mit Reis und Yoga

A rice day is a nice day! Die kleinen Körner sind wahre Kraftpakete: Sie schwemmen Giftstoffe aus dem Körper und helfen zu entschlacken. Dazu Übungen aus dem Power-Yoga, die den Stoffwechsel anregen und für straffe Muskulatur sorgen.

Reis: Kleine Körner, große Wirkung

Reis entwässert. Das liegt an seinem günstigen Natrium-Kalium-Verhältnis: Das Kalium fördert die Ausschwemmung von Wasser und unerwünschten Stoffwechselprodukten über die Nieren. Gleichzeitig sorgt der niedrige Natriumanteil in den Körnern dafür, dass kaum Wasser im Gewebe zurückgehalten wird. Wertvolle Ballaststoffe und acht leicht verdauliche Eiweißbausteine machen angenehm satt.

NATUR IST TRUMPF

Naturreis ist der klare Favorit! Bereits sein robustes, kerniges Aussehen lässt die weiße Verwandtschaft vor Neid erblassen. Und wenn es dann um die inneren Werte geht, trumpft er richtig auf und verweist sie an den Tellerrand. Der Ballaststoffgehalt von Naturreis ist dreimal so hoch wie der von poliertem Reis. Seine unverdaulichen Pflanzenstoffe wirken positiv auf einen zu hohen Cholesterinspiegel.

Wie alle anderen Reissorten wird auch der braune Naturreis gereinigt und von der sehr harten Hülle befreit. Allerdings behält er sein Silberhäutchen und den Keimling. Dadurch sind die kleinen Körner echte Kraftpakete. Er sättigt auf angenehme Art, die enthaltenen Vitalstoffe mobilisieren den Stoffwechsel und kurbeln die Verdauung an. In den braunen, unpolierten Reiskörnern stecken auch besonders viele Vitalstoffe: B-Vitamine – besonders gut für Gehirn und Nerven – sowie Mineralstoffe und Spurenelemente wie Kalium, Magnesium, Eisen und Selen.

WAS REIS SONST ZU BIETEN HAT

Die meisten Nährstoffe befinden sich in den Randschichten des Korns. Aus diesem Grund ist der polierte weiße Reis nicht so wertvoll. Ausnahme: Parboiled Reis. Durch ein spezielles Dampfdruckverfahren werden viele Vitalstoffe ins Innere des Korns gepresst, so dass beim anschließenden Schälen weniger verloren geht. Auch der schwarze Wildreis – der streng botanisch betrachtet kein Reis, sondern ein Wassergras ist – sollte ab und zu auf dem Speiseplan stehen. Sein Anteil an Mineralstoffen ist noch etwas höher, und er kann den Stoffwechsel noch schneller aktivieren.

An diesem vegetarischen Wochenende werden die gesunden Nährstoffe der Powerkörner ideal ergänzt mit vitalstoffhaltigem Obst und Gemüse. Zum Beispiel durch hautstraffendes Vitamin C und noch mehr entwässerndes Kalium. Verwenden Sie beim Kochen möglichst wenig Salz (Salz bindet Wasser im Gewebe), damit die entschlackende Wirkung voll erhalten bleibt. Alle folgenden Gerichte sind extrem fettarm und liefern eine geballte Ladung Fitmacherstoffe.

Auf dem Weg zur Bikinifigur liegt eine Reiskur, die den Körper wirkungsvoll entschlackt.

Bevorzugen Sie Naturreis, denn die meisten Nährstoffe stecken in den dunklen Reisschalen.

FITMACHER DES MONATS

Spargel: Die schlanken Stangen können ihre Optik problemlos auf das Aussehen ihrer Esser übertragen. Ein extrem geringer Kaloriengehalt und eine beachtliche Ladung des entwässernden Kaliums lassen die Pfunde im Rekordtempo schwinden. Außerdem enthalten die weißen und grünen Sprossen reichlich Folsäure, ein B-Vitamin, das unentbehrlich ist für die Bildung neuer Zellen und für den Sauerstofftransport im Blut.

Reis hilft bei Verdauungsstörungen und gilt als Heilnahrung bei verschiedenen Darmkrankheiten wie Zöliakie. Menschen mit dieser Erkrankung reagieren allergisch auf das Klebereiweiß (Gluten) aus Weizen, Roggen oder Hafer, das im Reis nicht enthalten ist. Der hohe Kaliumgehalt fördert die Ausschwemmung von Wasser und Stoffwechselprodukten, so genannten Schlacken, über die Nieren.

ZWISCHENMAHLZEITEN

Zwei pro Tag zum Aussuchen:

➤ Apfel-Quark-Reis mit Zimt: 2 EL Vollkornreis (Tipp: Wenn's ganz schnell gehen soll, Bio-Reisflocken verwenden mit einer Garzeit von 1 Minute; dann Flüssigkeit nach Packungsanleitung verwenden!) in 130 ml ungesüßtem Apfelsaft zugedeckt bei schwacher Hitze garen, abkühlen lassen. 2 EL Magerquark und 1 kleinen Apfel in Würfeln unterrühren. Mit Zimt abschmecken.

➤ Kokos-Quark-Reis mit Himbeeren: 2 EL Vollkornreis und 1 TL Kokosraspel in 130 ml Wasser garen. Abkühlen lassen und mit 2 EL Magerquark verrühren. Mit 1 TL Honig abschmecken. Dazu: 100 g Himbeeren.

➤ Milchreis mit Apfel und Zimt: 2 EL Vollkornreis in fettarmer Milch garen. Mit klein geschnittenem Apfel, 1 TL Honig und Zimt mischen.

➤ 1 Banane.

Spargel-Reis-Salat

Freitag

ABENDS: GEMÜSE-PAELLA

➤ **Zutaten:** *50 g Vollkornreis, Jodsalz, 500 g weißer Spargel, 500 g grüner Spargel, 1 Möhre, 1 kleine Zucchini, 4 Champignons, 1 TL Sonnenblumenöl, 1 Bund frische gemischte Kräuter, schwarzer Pfeffer, 1 TL Magermilchjoghurt*

SO WIRD'S GEMACHT

Reis in Salzwasser quellen lassen. Weißen Spargel schälen, holzige Enden vom weißen und grünen Spargel abschneiden. Weißen Spargel in wenig leicht gesalzenem Wasser 15 Minuten, grünen Spargel 10 Minuten dünsten. Jeweils die Hälfte davon für Samstag beiseite stellen. Übriges Gemüse putzen und klein schneiden. Im heißen Öl 5 Minuten braten. Reis gut abtropfen lassen. Kräuter hacken und unterrühren. Spargel und Reis zum Gemüse in die Pfanne geben und alles nochmals kurz erhitzen, abschmecken. Mit Magermilchjoghurt anrichten.

Samstag

MORGENS: FRÜCHTEMÜSLI

➤ **Zutaten:** *2 EL Vollkornhaferflocken, 4 EL Magermilchjoghurt, 1 TL Honig, 100 g Erdbeeren, 1 Kiwi, 2 EL Magerquark, Jodsalz, Pfeffer, 1/2 Bund frische gemischte Kräuter, 1 Vollkorntoast*

SO WIRD'S GEMACHT

Haferflocken, 3 EL Joghurt und Honig verrühren. Erdbeeren und Kiwi klein schneiden, unterrühren. Quark, übrigen Joghurt, Salz und Pfeffer verrühren. Kräuter hacken und unterrühren. Auf das geröstete Toast streichen, zum Müsli essen.

MITTAGS: SPARGELSALAT

➤ **Zutaten:** *1 Ei (Größe S), 2 EL Weißweinessig, Jodsalz, schwarzer Pfeffer, 1 Messerspitze Dijon-Senf, 1 TL Walnussöl, 1/2 Bund Schnittlauch, 1 Kolben Chicorée, 500 g vorgegarter Spargel vom Vortag, 1 Vollkorntoast*

SO WIRD'S GEMACHT

Ei hart kochen und fein würfeln. Mit Essig, Salz, Pfeffer, Senf und Öl verrühren. Schnittlauch fein schneiden und unterrühren. Chicorée in Streifen schneiden. Chicorée und Spargel mit der Vinaigrette mischen. Toast rösten und dazu essen.

ABENDS: ÜBERBACKENER SPARGEL

➤ **Zutaten:** *100 g Vollkornreis, Jodsalz, 1,2 kg grüner Spargel, 3 Walnusskernhälften, etwas frischer Salbei, 1 EL geriebener Parmesan, 1 Fleischtomate*

SO WIRD'S GEMACHT

Reis in Salzwasser quellen lassen. Spargel von holzigen Enden befreien, in leicht gesalzenem Wasser 10 Minuten dünsten, abtropfen lassen (700 g davon für Sonntag beiseite stellen), in eine Auflaufform füllen. Nüsse und Salbei hacken, mit Parmesan mischen und über den Spargel streuen. Im heißen Backofen bei 180 Grad 5 Minuten überbacken. Reis abtropfen lassen (die Hälfte für Sonntag beiseite stellen). Tomate würfeln, unter den Reis mischen, abschmecken. Mit dem Spargel anrichten.

Sonntag

MORGENS: BELEGTES BRÖTCHEN

➤ **Zutaten:** *1 Brötchen, 1 EL Magerquark, 1 TL Honig, 1 Scheibe kalorienreduzierter Käse, 1 kleine Tomate*

SO WIRD'S GEMACHT

Brötchen halbieren, eine Hälfte mit Magerquark bestreichen, mit Honig beträufeln. Die andere Hälfte mit Käse und Tomate belegen.

MITTAGS: GEMÜSECURRY

➤ **Zutaten:** *50 g Vollkornreis, Jodsalz, 1 Kardamomkapsel, 1 Gewürznelke, 1 kleines Lorbeerblatt, 1 Knoblauchzehe, 1 TL Sonnenblumenöl, 100 g Champignons, 2 kleine Tomaten, 200 g vorgegarter grüner Spargel vom Samstag, schwarzer Pfeffer, mildes Currypulver, 100 g Magermilchjoghurt*

SO WIRD'S GEMACHT

Reis mit Salz und den Gewürzen gar quellen lassen. Knoblauch hacken und im heißen Öl andünsten. Pilze, Tomaten und Spargel klein schneiden und zum Knoblauch geben. Mit Salz, Pfeffer und Curry würzen. 3 EL Wasser angießen und bei schwacher Hitze 2 Minuten dünsten. Reis abgießen, gut abtropfen lassen. Joghurt unter das Gemüse mischen, mit Reis anrichten.

ABENDS: SPARGEL-REIS-SALAT

➤ **Zutaten:** *2 EL Weißwein-Essig, 4 EL fertige Gemüsebrühe (Instant), rosa Pfeffer, Jodsalz, 1/2 TL Dijon-Senf, 1 TL Olivenöl, 1/2 Bund frische Kräuter, 1/2 rosé Grapefruit, 50 g vorgegarter Reis vom Samstag, 500 g vorgegarter grüner Spargel vom Samstag*

SO WIRD'S GEMACHT

Essig, Brühe, grob geschroteten Pfeffer, Salz, Senf und Öl verrühren. Kräuter hacken und unterrühren. Grapefruit filetieren. Vorbereitete Zutaten mit der Vinaigrette mischen, abschmecken und 10 Minuten durchziehen lassen. Nochmals abschmecken.

Power-Yoga bringt Schwung

Fühlen Sie sich oft schlaff und kraftlos? Wollen Sie die Frühjahrsmüdigkeit und Ihren Winterspeck endlich loswerden? Greifen Sie zu einem uralten Mittel: Yoga. Als Übungsweg seit mindestens 3500 Jahren überliefert, ist diese ganzheitliche Methode noch heute aktuell und zeitgemäß, weil sie in ihrer Komplexität viele Probleme des modernen Menschen berücksichtigt.

FÜR DEN PERFEKTEN BODY

Die klassischen Yoga-Übungen (Asanas) sind so aufgebaut, dass sie jeweils bestimmte Aspekte unseres Körpers, der Seele oder des Geistes ansprechen. Sie verfolgen das Ziel, den Körper zu harmonisieren. Die Yogis beschrieben in alten Texten genau, wie sie sich den perfekten Körper vorstellten: mit strahlender Haut, ohne Anzeichen des Alterns, mit leuchtenden Augen, schlanker Taille und geschmeidigen Gliedmaßen. Sie entwickelten viele Übungen, die die Verdauung und den Stoffwechsel anregen. Und sie erfanden ein Bodyshaping nach Yoga-Art, das hilft, schlanke, kräftige Muskeln zu entwickeln.

Dieses Power-Yoga wird heute in vielen Fitness-Studios angeboten. Es ist eine Kreation aus verschiedenen Yoga-Arten. Die meisten Elemente stammen aus dem so genannten Iyengar-Yoga, das der indische Yoga-Meister B. K. S. Iyengar in den 30er Jahren entwickelte. Viele Übungen werden im Stehen mit maximal gestreckter Wirbelsäule und angespannten Muskeln trainiert. Sehr forciert und sportlich, ohne Pause. Eine wohlverdiente Entspannung gibt es erst zum Schluss, und Meditation spielt eine untergeordnete Rolle. Der Erfolg ist verblüffend: Der kontinuierliche Bewegungsfluss pusht die Kondition, regt Kreislauf und Stoffwechsel an. Er trainiert durch Anspannung und Dehnung die Muskeln, lässt unerwünschte Pölsterchen schwinden und formt zusätzlich durch die verbesserte Haltung die Figur sanft.

MIT VIEL GEFÜHL – DAS YOGA-WOCHENENDE

Beim Yoga fehlt das verbreitete Leistungsdenken des Sports – schneller, höher, weiter – völlig. Jeder Mensch soll stattdessen lernen, auf seinen Körper zu achten und auf die innere Stimme zu hören. Deshalb richten Sie sich Ihr Power-Yoga-Wochenende so ein, wie es für Sie am besten ist. Ob Sie nun einmal am Tag 30 Minuten oder zweimal am Tag 15 Minuten üben möchten, entscheiden Sie ganz nach Ihrem Befinden.

Dabei müssen Sie nur folgende Punkte grundsätzlich berücksichtigen: Üben Sie immer nüchtern. Ihre letzte Mahlzeit sollte mindestens zwei Stunden zurückliegen. Finden Sie nach Möglichkeit einen festen Zeitpunkt zum Trainieren. Wenn Sie ein Morgenmuffel sind, profitieren Sie am meisten davon, wenn Sie nach dem Aufstehen üben, denn die Bewegungen machen Sie wach. Regelmäßig geübt, heizt Power-Yoga ganz schön ein, lässt überschüssige Pfunde schmelzen und strafft durch seine durchblutungsfördernde Wirkung auch das Gewebe.

DIE HELDENHALTUNG

Nach einer Aufwärmphase, in der Sie auf Ihrer weichen, rutschfesten Matte locker auf der Stelle laufen, stellen Sie die Füße parallel in Hüftbreite nebeneinander. Verteilen Sie Ihr Gewicht gleichmäßig auf Ballen und Fersen. Gehen Sie, wenn Sie sicher sind, gut „geerdet" zu sein, mit parallelen Füßen in die Grätsche (1,20 Meter bis 1,40 Meter breit).

Breiten Sie beide Arme seitlich in Schulterhöhe aus. Drehen Sie den linken Fuß um 90 Grad nach außen zur linken Seite und den rechten um etwa 30 Grad nach innen. Richten Sie beide Knie dabei möglichst weit nach außen. Beugen Sie das linke Bein, bis der Oberschenkel waagerecht ist. Achten Sie darauf, dass das linke Knie nicht nach innen ausweicht, und drücken Sie die rechte Ferse in den Boden. Das rechte Bein bleibt gestreckt. Ziehen Sie die Kniescheiben nach oben. Halten Sie den Rumpf dabei ganz aufgerichtet. Entspannen Sie in den Schultern. Dehnen Sie sich über die Fingerspitze. Die Arme bleiben parallel zum Boden. Schauen Sie über die linke Hand in den Raum, als wollten Sie einen Punkt in der Ferne fixieren. Verweilen Sie so lange in der Stellung, wie Sie sich wohl fühlen. Um sie zu verlassen, strecken Sie das linke Bein. Drehen den rechten Fuß wieder um 90 Grad nach außen und den linken wieder um etwa 30 Grad nach innen, bis Ihre Füße wieder parallel stehen. Wiederholen Sie die Haltung seitenverkehrt, indem Sie mit dem rechten Bein beginnen.

HELDENVARIATION

Wenn Sie Lust haben, können Sie eine Variante der Übung anschließen: Beginnen Sie wie oben. Drehen Sie den gesamten Oberkörper in Richtung gebeugtes, linkes Bein, und legen Sie dann beide Hände auf den Oberschenkel. Richten Sie den Oberkörper behutsam auf. Nehmen Sie die Schultern nach hinten, unten und außen, und heben Sie das Brustbein, so dass ein Gefühl von Weite im Brustraum entsteht. Lassen Sie die Hände entweder auf dem linken Knie liegen, breiten Sie sie seitlich aus, oder strecken Sie die Arme senkrecht hoch. Dabei berühren sich die Handflächen, und es entsteht sehr viel Spannung im gesamten Körper. Verweilen Sie tief atmend in dieser Haltung. Anschließend langsam wieder auflösen und die andere Seite üben.

ZUM ABSCHLUSS: DIE ENTSPANNUNG

Zum Schluss gönnen Sie sich eine Entspannung: Legen Sie sich flach mit dem Rücken auf Ihre Matte. Nehmen Sie die Beine zur Brust und rollen ein wenig hin und her, damit sich Ihre Wirbelsäule entsprechend ausrichtet. Dann decken Sie sich zu und liegen mit ausgestreckten Armen und leicht gegrätschten Beinen einfach ruhig da. Achten Sie dabei auf Ihren Atem. Wenn Ihnen das zu langweilig ist, können Sie auch entspannende Musik auflegen.

Die Heldenhaltung (oben) ...
... und ihre Variation (unten)

SOMMERFRISCHE

Grillen zirpen, ein laues Lüftchen weht, **die Sonne scheint** — endlich können wir bis abends draußen sitzen und die **Wärme genießen.** Die Natur verwöhnt uns im Überfluss mit frischem Obst und knackigem Gemüse. Für unseren Körper ist die **warme, lichte Jahreszeit** ideal zum Entschlacken.

Juni:
Das Low-Fat-Wochenende

Das Geheimnis dieses Frühsommer-Wochenendes: Wenige, aber gesunde Fette und viele Kohlenhydrate machen dauerhaft schlank und entschlacken – gerade rechtzeitig zur beginnenden Badesaison. Aqua-Jogging ist das passende Vergnügen: Das Wasser-Workout strafft das Gewebe und bringt Kondition.

Hauptsache fettarm

Fett macht Schokolade unwiderstehlich und zartschmelzend, Chips knusprig und Salate superlecker. Ohne Fett schmeckt jedes Essen fad und langweilig, denn Fett transportiert die Geschmacks- und Aromastoffe. Fett ist für den Organismus lebensnotwendig. Wir brauchen es, um wichtige Vitamine besser verwerten zu können. Es liefert lebensnotwendige Fettsäuren, die der Körper nicht selbst herstellen kann. Das Problem mit dem Fett ist nur, dass wir in der Regel zu viel davon essen.

Fett setzt sich chemisch aus Glyzerin und Fettsäuren zusammen. Sie unterscheiden sich durch ihre Länge und Anzahl der Doppelbindungen. Gesättigte Fettsäuren haben keine, ungesättigte eine oder mehrere Doppelbindungen. Je mehr ungesättigte Fettsäuren ein Fett enthält, desto flüssiger ist es. Feste Fette wie Butter oder Margarine enthalten überwiegend gesättigte Fettsäuren. Die meisten gesunden, so genannten ungesättigten Fettsäuren finden sich vor allem in pflanzlichen Lebensmitteln, aber auch in Fisch und Fischprodukten. Gute Quellen sind zum Beispiel Nüsse, Öle, Lachs, Makrele oder Hering. In tierischen Produkten wie Sahne, Käse oder Wurst stecken mehr gesättigte Fettsäuren, die der Körper selbst herstellen kann. Grundsätzlich gilt: insgesamt fettärmer und mehr Nahrungsmittel mit mehr ungesättigten Fettsäuren essen.

LOW FAT MIT GENUSS

Lästiges Kalorienzählen können Sie sich sparen, wenn Sie bewusst auf fettarme Produkte achten, zum Beispiel bei Milch, Joghurt, Quark oder Käse. Bevorzugen Sie mageres Fleisch wie Pute, Hähnchen oder Lammfilet. Essen Sie viel Fisch. Extrem fettarm sind zum Beispiel Schellfisch, Kabeljau oder Seelachs. Allerdings sollten auch fettere Sorten wie Lachs, Makrele oder Hering nicht aus der Küche verbannt werden, denn diese enthalten Omega-3-Fettsäuren, sie senken den Cholesterinspiegel, aktivieren den Fettstoffwechsel und halten das Blut geschmeidig. Dass der Verzicht auf Fett nicht mit Verzicht auf Genuss gleichzusetzen ist, zeigt unser Low-Fat-Weekend. Entscheidend ist dabei auch die fettarme Zubereitung der Speisen. Mit einigen Tricks können Sie Rezepte deutlich entschärfen: Dick machende Panaden einfach weglassen, stattdessen lieber grillen oder dünsten. Zum Braten in einer beschichteten Pfanne reicht ein kleiner Teelöffel Öl, der mit einem Backpinsel verteilt wird. Salatsoßen mit Joghurt oder Gemüsebrühe statt mit Öl zubereiten. Selbst für Naschkatzen gibt es fettarme Alternativen wie Gummibärchen, Lakritz, Salzstangen oder Popcorn.

Wenn Sie Ihrem Körper weniger Fett zuführen, wird der Zellstoffwechsel aktiviert, und Sie fühlen sich sofort besser. Der Organismus produziert vermehrt Glückshormone, und Sie sind entspannter, weniger gestresst. Das Bindegewebe strafft sich, und die Durchblutung wird verbessert. Kurzum: Sie fühlen sich rundum wohl.

FITMACHER DES MONATS

Grüne Bohnen haben wie die meisten Gemüsesorten wenig Kalorien, enthalten dafür aber viel Vitamin K, das eine zentrale Rolle bei der Blutgerinnung spielt. Außerdem die Mineralstoffe Kalium für einen ausgeglichenen Wasserhaushalt, Kalzium, um die Knochen zu stärken, das Anti-Stress-Mineral Magnesium und Phosphor für die Umwandlung der Nahrungsenergie in Körperenergie.

Kirschen enthalten Kalium, Kalzium und Magnesium, dazu Carotin und viele B-Vitamine. Diese Substanzen sind unentbehrlich für den Aufbau von Knochen und Zähnen. Sie unterstützen die Blutbildung und stärken das Nervensystem.

ZWISCHENMAHLZEITEN

Zwei pro Tag zum Aussuchen:
➤ 150 g Süßkirschen zum Naschen.
➤ Kirschkaltschale: 100 g entsteinte Sauerkirschen in 150 ml Apfelsaft und 1 TL Honig einmal kurz aufkochen und abkühlen lassen. Gut gekühlt mit 1 TL gerösteten Mandelblättchen und etwas frischer Minze genießen.
➤ Kirsch-Zitronen-Joghurt: 100 g Magermilchjoghurt mit 1 TL Zitronensaft und 1 TL Honig verrühren. Mit 75 g entsteinten Süßkirschen und 1 TL gerösteten Mandelblättchen anrichten.
➤ Kirsch-Kokos-Zwieback-Törtchen: 50 g Süßkirschen entsteinen. 1 Kokoszwieback damit belegen. Dazu: Espresso.

Vergessen Sie beim Entschlacken nicht, viel zu trinken – und schon gar nicht in der warmen Jahreszeit.

Grüne Bohnen und Scampi nach Thai-Art

Freitag

ABENDS: GRÜNE BOHNEN UND SCAMPI NACH THAI-ART

➤ **Zutaten:** *40 g Vollkornreis, Jodsalz, 250 g grüne Bohnen, 75 ml fertige Gemüsebrühe (Instant), 1 TL Sojaöl, 1 Knoblauchzehe, 4 küchenfertige rohe Scampi ohne Schale, 1/2 kleine rote Chilischote, 1 EL Kokosraspel, Pfeffer, frischer Koriander (ersatzweise glatte Petersilie)*

SO WIRD'S GEMACHT

Reis in Salzwasser gar quellen lassen. Die Bohnen putzen und in der Gemüsebrühe 15 Minuten dünsten. Öl in einer Pfanne erhitzen. Knoblauch schälen, hacken und darin anbraten. Scampi darin von jeder Seite 3 Minuten braten, würzen und warm stellen. Chili entkernen, hacken. Mit den Bohnen im Bratfett 1 Minute braten. Kokosraspel und 4 EL Gemüsewasser zugeben, würzen. Zum Schluss Reis, Scampi und Bohnen mit Koriander anrichten.

Samstag

MORGENS: BASILIKUM-TOMATEN-BRÖTCHEN

➤ **Zutaten:** *1 kleine Tomate, 2 EL Magerquark, 1 EL Mineralwasser, Jodsalz, Pfeffer, frisches Basilikum, 1 Vollkornbrötchen, 1 TL Pflaumenmus, 1 Sesamknäcke*

SO WIRD'S GEMACHT

Tomate in Scheiben schneiden. Quark, Wasser, Salz, Pfeffer und klein geschnittenes Basilikum verrühren. Brötchen mit Quark und Tomate belegen. Pflaumenmus aufs Knäckebrot streichen.

MITTAGS: SOMMEREINTOPF

➤ **Zutaten:** *2 mittelgroße Kartoffeln, 2 Möhren, 200 g grüne Bohnen, 2 Tomaten, 1 Lauchzwiebel, 1 Lorbeerblatt, etwas frischer Thymian, 400 ml Gemüsebrühe (Instant), 1 kleines Hähnchenfilet (100 g), Jodsalz, Pfeffer*

SO WIRD'S GEMACHT

Kartoffeln schälen, würfeln. Möhren, Bohnen, Tomaten und Zwiebel putzen und klein schneiden. Vorbereitete Zutaten, Lorbeer und Thymian in der Brühe 5 Minuten garen. Filet abspülen, in Streifen schneiden, zugeben und alles weitere ca. 10 Minuten garen lassen. Eintopf mit Salz und Pfeffer abschmecken.

ABENDS: NIZZA-SALAT

➤ **Zutaten:** *2 mittelgroße Kartoffeln, 250 g grüne Bohnen, Jodsalz, 2 Tomaten, 1 kleine Dose Tunfisch naturel, Saft von 1/2 Zitrone, Pfeffer, 1 kleine Knoblauchzehe, etwas glatte Petersilie, 1 TL Olivenöl*

SO WIRD'S GEMACHT

Kartoffeln in der Schale gar kochen, schälen und abkühlen lassen. Bohnen in Salzwasser garen, abgießen. Tomaten würfeln. Tunfisch abtropfen lassen, grob zerkleinern. Zitronensaft, Salz und Pfeffer verrühren. Knoblauch dazudrücken. Petersilie hacken, unterrühren. Öl unterrühren. Zutaten mit der Vinaigrette mischen, 20 Minuten durchziehen lassen.

Sonntag
MORGENS: BRÖTCHEN MIT EI UND ORANGENSAFT

➤ **Zutaten:** *1 Ei (Größe S), 1 Vollkornbrötchen mit Sonnenblumenkernen, 1 TL kalorienreduzierte Kirschkonfitüre, 2 Saftorangen*

SO WIRD'S GEMACHT

Ei nach Geschmack weich kochen. Brötchen halbieren, eine Hälfte mit Konfitüre bestreichen, die zweite Hälfte zum Frühstücksei essen. Orangen auspressen. Saft dazu trinken.

MITTAGS: LAMMFILET MIT GRÜNEN BOHNEN UND SCHMORKARTOFFELN

➤ **Zutaten:** *250 g grüne Bohnen, Jodsalz, 300 g kleine neue Kartoffeln, 2 Zwiebeln, etwas frischer Thymian, 2 getrocknete Tomaten, 150 ml Gemüsebrühe (Instant), schwarzer Pfeffer, 1 TL Olivenöl, 100 g Lammfilet*

SO WIRD'S GEMACHT

Bohnen in Salzwasser gar kochen. Kartoffeln gründlich abbürsten und halbieren. Zwiebeln schälen und in Spalten schneiden. Kartoffeln, Zwiebeln, Thymian, klein geschnittene Tomaten und Brühe in eine Pfanne geben, aufkochen und würzen. Unter Wenden etwa 20 Minuten garen, bis die Kartoffeln gar sind und die Flüssigkeit verdampft ist. Öl in einer beschichteten Pfanne erhitzen. Filet darin braten, würzen. Bohnen im Bratfett 2 Minuten schmoren, würzen. Alles anrichten.

ABENDS: ÜBERBACKENER TOMATEN-BOHNEN-TOAST

➤ **Zutaten:** *200 g grüne Bohnen, Jodsalz, 1 große Tomate, etwas frischer Thymian, 2 Scheiben Vollkorntoast, Pfeffer, 1 EL frisch geriebener Parmesan*

SO WIRD'S GEMACHT

Bohnen in wenig Salzwasser gar dünsten, abtropfen lassen. Tomate in Scheiben schneiden. Thymianblättchen abzupfen. Toast knusprig rösten. Toast mit Bohnen, Tomatenscheiben und Thymian belegen, würzen und mit Parmesan bestreuen. Unter dem heißen Grill oder im Backofen kurz überbacken.

Die sanfte Welle: Aqua-Jogging

Endlich – die Badesaison beginnt. Die Freibäder öffnen ihre Tore, und alle zieht's ins kühle Nass. Doch das Wasser ist nicht nur zum Schwimmen da: Wenn Sie wirkungsvoll etwas für Ihre Figur tun möchten, probieren Sie doch mal ein Aqua-Workout. Training im Wasser schont Wirbelsäule, Bänder, Gelenke und Sehnen, denn durch den Auftrieb ist Ihr Körper im Nass fast schwerelos. Der Stoffwechsel wird kräftig angekurbelt und der Kreislauf angeregt. Denn der Druck des Wassers auf die Venen und Lymphbahnen intensiviert den Rückfluss des Bluts zum Herzen. Dadurch verbessert sich die Durchblutung des Körpers. Alle Muskelgruppen werden gekräftigt und gestrafft, vor allem die sonst oft vernachlässigten Muskeln des Oberkörpers. Aber auch die Cellulite an Oberschenkeln und Po kriegt ihr Fett weg. Positiver Nebeneffekt: Aqua-Jogging erhöht Ihren Kalorienverbrauch bis zu 40 Prozent, auf diese Weise können Sie Ihr Fettgewebe effektiv reduzieren.

WICHTIGE TIPPS FÜRS AQUA-TRAINING

Aqua-Jogging können Sie sowohl als ungeübte Sportlerin als auch als Nichtschwimmerin trainieren. Die natürlichen Bewegungsabläufe sind jedem sofort vertraut, und die Verletzungsgefahr ist gleich Null. Dafür sind die Unterwasserbewegungen anstrengender, als viele glauben, denn das Wasser setzt den Bewegungen 60-mal mehr Widerstand entgegen als die Luft. Beginnen Sie darum mit ruhigen, langsamen Bewegungen, und steigern Sie das Übungstempo allmählich, je nachdem wie Sie sich fühlen. Trainieren Sie im Wasser niemals allein. Achten Sie immer darauf, dass sich eine Person in Ihrer Nähe befindet. Und wenn Sie sich in offenen Gewässern bewegen, sollten Sie sich vor dem Sport mit gefährlichen Strömungen und Unterwasserhindernissen vertraut machen. In Schwimmbädern suchen Sie sich einen möglichst ungestörten Platz.

Ganz gleich wo, bleiben Sie nicht länger als eine halbe Stunde im kühlen Nass. Dafür springen Sie aber ruhig zwei- bis dreimal pro Woche ins Wasser; denn erst durch regelmäßiges Üben setzt der Fettverbrennungseffekt ein. Achtung: Nie mit vollem Magen ins Wasser gehen! Die letzte Mahlzeit sollte etwa zwei Stunden zurückliegen. Erst dann kann's losgehen! Bei niedrigen Wassertemperaturen sollten Sie darauf achten, ständig in Bewegung zu bleiben, um nicht zu unterkühlen.

Mit speziellen Schuhen („Aqua-Runner"), Gewichtsmanschetten oder kleinen Hanteln aus dem Sportgeschäft können Sie Ihr Training noch individuell erweitern und die Belastung steigern. Wenn Sie mal nicht genügend Platz zur Verfügung haben sollten, zum Beispiel nur einen kleinen Pool am Urlaubsort, dann können Sie mit einem Zugwiderstandsseil, dem „Aqua-Jogger-Hitch" (einem breiten Gürtel mit Leine zum Einhaken), auf der Stelle trainieren.

FÜR EINSTEIGER UND ZU TRAININGSBEGINN: DIE GRUNDTECHNIK

Mit dieser einfachen Form stimmen Sie sich auf das nasse Element ein: Sie haben mit dem Vorderfuß Kontakt zum Boden, darum spricht man von einem Ballenlauf. Die Ferse senken Sie nur leicht ab, so dass Fuß- und Kniegelenk minimal gebeugt sind. Wenn Sie auf dem Trockenen joggen, haben Sie immer eine kurze Flugphase. Anders unter Wasser: Hier hat immer ein Fuß Kontakt mit dem Boden. So setzen Sie den vorderen Fuß kurz vor dem Abdruck des hinteren Beines auf.

FÜR FORTGESCHRITTENE: DIE SPORTTECHNIK

Fortgeschrittene, die forciert trainieren möchten, laufen ähnlich wie auf dem Trockenen und wechseln Flug- und Stützphase ab. Die Ferse senken Sie dabei vollständig ab, so dass der ganze Fuß

Sommer, Sonne, Schwimmbadzeit ... Im nassen Element können Sie viel für eine straffe Figur tun.

den Boden berührt. Während der Schwungphase beugen Sie das Schwungbein stark und heben die Ferse dementsprechend hoch an. Durch diese Bewegung gewinnen Sie schneller mehr Raum als bei der Grundtechnik.

DIE ARMBEWEGUNG

Auch die Arme kommen beim Aqua-Jogging nicht zu kurz. Ähnlich wie beim Joggen an Land bleiben sie nahe am Körper. Die Ellenbogen sind etwas angewinkelt, und die Arme schwingen locker mit. Alternativ können Sie auch eine schöpfende Bewegung ausführen. Mit ihr lässt sich das Gleichgewicht besonders gut halten: Bringen Sie die Arme ähnlich wie beim Kraulen über dem Wasser nach vorn, tauchen Sie ein, und ziehen Sie beide Arme gegen den Widerstand des Wassers nach hinten.

Geeignet für Fortgeschrittene: Mit Gewichten an den Füßen wird das Aqua-Jogging noch effektiver.

Juli: Trennkost und Sonne für Body & Soul

Trennkost bedeutet, Eiweiß und Kohlenhydrate getrennt voneinander zu essen. Obst, Gemüse und andere ballaststoffreiche Lebensmittel sind Hauptbestandteil der Diät. Sie regen Darm und Verdauung an und bauen so Schlacken ab. Hunger kommt dabei erst gar nicht auf. Sonnenhungrig hingegen können Sie gerne sein; so stimulieren Sie Ihren Stoffwechsel zusätzlich durch die wärmenden Strahlen.

Schlemmen und Trennen

Bei der Trennkost werden kohlenhydratreiche und eiweißreiche Lebensmittel getrennt voneinander gegessen, die neutralen Produkte dürfen Sie nach Lust und Laune mit Kohlenhydrat- und Eiweißmahlzeiten kombinieren. Eine hundertprozentige Trennung von Kohlenhydraten und Eiweiß in unseren Nahrungsmitteln gibt es allerdings nicht. So enthalten Fisch oder Fleisch, die sehr eiweißreich sind, Spuren von Kohlenhydraten. Gemüsesorten, die als neutral gelten, weisen geringe Mengen an Eiweiß und Kohlenhydraten auf. Für die Trennkost ist nur entscheidend, in welchem Mengenverhältnis die beiden Nährstoffe im Lebensmittel vorkommen. Es gibt sogar Zuordnungen, die auf den ersten Blick völlig unsinnig erscheinen: Fast alle Früchte zählen zur Eiweißgruppe, obwohl sie gar kein Eiweiß enthalten. Der Grund: Eiweiß baut sich im Körper zu Säuren ab. Da im Obst viele Fruchtsäuren stecken, werden fast alle Früchte der Eiweißgruppe zugeordnet.

Die Trennkostmahlzeiten unseres Wochenendes sorgen dafür, dass Ihr Körper mit allen lebensnotwendigen Nährstoffen in optimaler Menge versorgt wird: vollwertigen Kohlenhydraten mit hohem Ballaststoffanteil, Vitaminen und Mineralstoffen.

Auch sekundäre Pflanzenstoffe gibt es reichlich, da bei der Trennkost frische und möglichst wenig verarbeitete Lebensmittel verwendet werden. Fett und Eiweiß gibt es nur in geringen Mengen. Viel frisches Obst und Gemüse bilden die Grundlage des täglichen Speisezettels. Brot, Kartoffeln, Nudeln oder Reis sind als sättigende Abendmahlzeit gedacht.

Wichtig bei der Trennkost ist auch, wann Sie die Lebensmittel essen. Sinnvoll ist es, morgens und mittags eiweißreiche Gerichte zu essen – die liefern Energie für den ganzen Tag. Abends gibt es bevorzugt Kohlenhydrate. Sie wirken beruhigend auf den gesamten Organismus und bringen erholsamen Schlaf. Zwischendurch gönnen Sie sich kleine Snacks, zum Beispiel einen fettarmen Joghurt, eine Banane oder eine Apfelsine, aus einer der nachfolgend angegebenen drei Gruppen.

EIWEISSREICHE LEBENSMITTEL

Zu dieser Gruppe gehören Geflügel, Fisch, Fleisch, Sojaprodukte (Tofu), Eier, Milch, Käsesorten mit höchstens 50 Prozent Fett (Edamer, Parmesan, Harzer, Tilsiter, Gouda); Beerenfrüchte, Kernobst wie säuerliche Äpfel und Birnen, Zitrusfrüchte, Exotisches wie Mango oder Ananas; Getränke wie Früchtetee, Apfelwein, trockener Weiß- und Rotwein, Obstsäfte.

Getreide wird den kohlenhydratreichen Lebensmitteln zugerechnet.

Äpfel zählen bei der Trennkost zu den eiweißreichen Nahrungsmitteln.

KOHLENHYDRATREICHE LEBENSMITTEL

Weizen, Roggen, Dinkel, Hafer, Gerste, Naturreis, Buchweizen; Vollkornprodukte wie Brot, Nudeln oder Grieß; Kartoffeln, Grünkohl, Topinambur, Schwarzwurzeln; süßes Obst wie Bananen, Feigen, frische Datteln; getrocknetes Obst wie Rosinen, Aprikosen oder Pflaumen; Honig, Ahornsirup, Bier.

„NEUTRALE" LEBENSMITTEL

Gesäuerte Produkte wie Quark, Joghurt, Käsesorten mit mindestens 60 Prozent Fett; rohe und geräucherte Wurst- und Fischwaren; Gemüse wie Artischocken, Avocados, Lauch, Radieschen, Mais, Zwiebeln, Salate, Pilze, Sprossen; Kräuter und Gewürze; Nüsse, Oliven, Gemüsebrühe, Kräutertees.

LEBENSMITTEL, DIE SIE MEIDEN SOLLTEN

Weißes Mehl und daraus hergestellte Produkte wie Kuchen und Weißbrot; Zucker, Marmeladen, Gelees; Fertiggerichte und Konserven wie Erbsen, Linsen, Bohnen; Schweinefleisch, rohes Eiweiß von Hühnereiern, Mayonnaise, Butter, Margarine, schwarzer Tee, Kaffee und hochprozentige Spirituosen.

FITMACHER DES MONATS

Kohlrabi enthält besonders viel Vitamin C (für das Immunsystem) und Folsäure (für die Neubildung von Körperzellen) sowie Kalium (für einen ausgeglichenen Wasserhaushalt), Kalzium (für starke Knochen), Magnesium (für starke Nerven und gesunde Muskeln) und Eisen (für die Bildung von roten Blutkörperchen und den Sauerstofftransport im Blut). Am nährstoffreichsten sind allerdings die zarten grünen Blätter, die man fein gehackt immer mitverwenden sollte.

Aprikose: Carotinoide verleihen dem Fruchtfleisch der Aprikose die gelbe Farbe. Die antioxidativen Eigenschaften der gesunden Farbstoffe verhindern, dass aggressive Sauerstoffverbindungen die Erbsubstanz oder Gefäßwände angreifen. Darüber hinaus regen sie die Bildung von Immunstoffen an.

ZWISCHENMAHLZEITEN

Zwei pro Tag zum Aussuchen:

➤ 1 kleinen Kohlrabi fein raspeln, mit 2 EL Kefir, Jodsalz, Pfeffer und 1/2 Bund fein gehackten Kräutern verrühren. Dazu: 1 Sesamknäcke.

➤ 6 Aprikosen entsteinen, fein pürieren und mit 50 ml Mineralwasser auffüllen, gut gekühlt mit Minzestreifen servieren.

➤ 1/2 Galia-Melone in Spalten schneiden mit 2 hauchdünnen Scheiben Parmaschinken genießen.

➤ 6 Aprikosen entsteinen, klein schneiden, mit 1 TL Honig und 1 TL Kokosflocken verrühren.

Die zarten grünen Blätter und die Kohlrabifrucht stecken voller wertvoller Vitalstoffe.

Kohlrabi mit Rauke und Pfifferlingen – in der Pfanne gebraten ergeben sie ein köstliches Abendessen.

Freitag

ABENDS: KOHLRABI ZU LENGFISCHFILET

➤ **Zutaten:** *50 g Vollkornreis, Jodsalz, 1 großer Kohlrabi, 1 TL Butter, Pfeffer, Muskatnuss, 75 ml Gemüsebrühe (Instant), 125 g Lengfischfilet, 1 TL körniger Senf*

SO WIRD'S GEMACHT

Reis in Salzwasser gar quellen lassen. Kohlrabi schälen, frisches Grün beiseite legen. Kohlrabi würfeln. Butter erhitzen, Kohlrabi darin andünsten. Würzen und mit Brühe ablöschen. Zugedeckt etwa 8 Minuten garen. Fisch abspülen, würzen und mit Senf bestreichen. Auf dem Kohlrabi 4 Minuten mitdünsten. Reis abgießen. Kohlrabigrün hacken. Kohlrabi, Fisch und Reis anrichten, Kohlrabigrün darüber streuen.

Samstag

MORGENS: BRÖTCHEN MIT PARMASCHINKEN UND APRIKOSE

➤ **Zutaten:** *1 Sonnenblumenkernbrötchen, 1 TL Butter, 2 hauchdünne Scheiben Parmaschinken, 1 Aprikose, 2 EL Magerquark, 1 EL Mineralwasser, Jodsalz, Pfeffer, 1/2 Bund Schnittlauch*

SO WIRD'S GEMACHT

Brötchen halbieren, mit Butter bestreichen. Eine Hälfte mit Schinken belegen. Aprikose in Spalten schneiden, darauf anrichten. Quark, Mineralwasser, Salz und Pfeffer verrühren. Schnittlauch fein schneiden und unterrühren, auf der zweiten Brötchenhälfte anrichten.

MITTAGS: ÜBERBACKENE HÄHNCHENBRUST

➤ **Zutaten:** *1 Hähnchenbrustfilet (150 g), Jodsalz, Pfeffer, 2 Lauchzwiebeln, 100 g Champignons, 1 TL Olivenöl, 1 Tomate, 2 EL fein geriebener Parmesan*

SO WIRD'S GEMACHT

Hähnchenfilet abspülen, würzen, in eine Auflaufform legen. Zwiebeln und Pilze klein schneiden, würzen und mit dem Öl mischen, um das Hähnchenfilet verteilen. Im Backofen bei 200 Grad 15 Minuten backen. Tomate fein würfeln, auf dem Filet verteilen, Parmesan darüber streuen. Weitere 10 Minuten backen.

ABENDS: KOHLRABIPFANNE

➤ **Zutaten:** *1 großer Kohlrabi, 1 Schalotte, 100 g Pfifferlinge, 1 TL Olivenöl, Jodsalz, Pfeffer, 30 g Rauke, 1 Scheibe Vollkornbrot*

SO WIRD'S GEMACHT

Kohlrabi schälen, in feine Streifen schneiden. Schalotte schälen, fein hacken. Pilze klein schneiden. Öl in einer Pfanne erhitzen. Schalotte und Kohlrabi darin unter Wenden 5 Minuten braten, würzen. Pilze zugeben, weitere 5 Minuten braten. Rauke klein zupfen, unterrühren. Gemüse nochmals abschmecken. Kohlrabigrün fein hacken, darüber streuen. Dazu Vollkornbrot.

Sonntag
MORGENS: FRÜCHTEQUARK

➤ **Zutaten:** *1/2 Galia-Melone, 3 frische Aprikosen, 2 EL Magerquark, 1 EL Mineralwasser, 1 TL Honig, 2 EL Haferflocken, 1 Sesamknäcke, 1 Scheibe Parmaschinken*

SO WIRD'S GEMACHT

Melone und Aprikosen klein schneiden. Quark, Mineralwasser und Honig verrühren. Mit den Früchten und Haferflocken anrichten. Knäcke mit Schinken belegen.

MITTAGS: HÜFTSTEAK MIT EDELPILZKÄSE

➤ **Zutaten:** *1 Hüftsteak (150 g), Jodsalz, Pfeffer, 2 Aprikosen, 30 g milder Edelpilzkäse (50 % Fett i. Tr.), 50 g Feldsalat, 1 TL Essig, 1 EL Orangensaft, 1 TL Olivenöl*

SO WIRD'S GEMACHT

Steak trockentupfen. In einer beschichteten Pfanne von jeder Seite 1 bis 2 Minuten braten. Würzen und in eine Auflaufform legen. Aprikosen in Spalten schneiden, auf dem Steak verteilen. Käse darüber legen. Überbacken, bis der Käse zerlaufen ist. Salat abspülen. Essig, Orangensaft, Salz, Pfeffer und Öl verrühren, über den Salat träufeln. Zum Steak essen.

ABENDS: FORELLENFILET MIT KRÄUTERKARTOFFELN

➤ **Zutaten:** *300 g neue Kartoffeln, Jodsalz, 1 Bund frische Kräuter, 3 EL Magerquark, 1 EL Mineralwasser, Pfeffer, 1 TL geriebener Meerrettich, 1 Kolben Chicorée, 2 Aprikosen, 4 EL Magermilchjoghurt, 50 g geräuchertes Forellenfilet*

SO WIRD'S GEMACHT

Kartoffeln abbürsten, in Salzwasser garen. Kräuter hacken, mit Quark, Mineralwasser, Salz und Pfeffer verrühren. Mit Meerrettich abschmecken. Chicorée in Streifen schneiden. Aprikosen würfeln. Beides mit Joghurt verrühren und abschmecken. Kartoffeln mit Quark, Salat und Forellenfilet anrichten.

Hommage an die Sonne

Sonne ist gesund. Ihre ultravioletten Strahlen aktivieren die Atmung, den Kreislauf, den Stoffwechsel und die Drüsen. Unser Körper benötigt das Sonnenlicht zur Bildung von Vitamin D, um Kalzium für unseren Knochenbau aus der Nahrung aufnehmen zu können. Die Sonne hat eine heilsame Wirkung bei Hautproblemen und stärkt das Immunsystem. Auch unsere Seele ist sonnenhungrig. Denn das warme Licht entspannt, hellt die Stimmung auf und macht Lust auf die Liebe.

Kein Wunder also, dass die Sonne in allen Kulturen als Lebensquell angesehen wird. Sie gibt uns die Wärme und das Licht, die wir zum Existieren brauchen, und hält mit ihrer Schwerkraft die Erde an ihrem Platz im Universum. Im Laufe der Jahrhunderte glaubten wir Menschen, die Sonne besitze eine Seele, machten aus ihr einen Gott oder untersuchten sie in wissenschaftlichen Studien, um ihre Kraft erklären und verstehen zu können. Doch im Grunde bleibt sie ein Geheimnis.

LICHTMEDITATION

„Die Sonne hat die Erde umarmt, und voller Freude spüre ich, wie meine Kraft zurückkehrt", lautet ein alter Indianerspruch. Die amerikanischen Ureinwohner glauben, dass derjenige, der die wohltuende Sonnenenergie durch Geist und Körper strömen lässt, von ihrem Licht erfüllt wird. Es schenkt ihm natürliche Schönheit, neue Lebenskraft und innere Harmonie. Außerdem aktiviert es den Energiefluss des Körpers und bringt die Seele zum Schwingen.

Mit der folgenden geführten Meditation können Sie ins aktivierende Licht eintauchen und sich Sonnenstrahlen ins Herz holen. Sprechen Sie sich den anschließenden Text auf eine Kassette, oder lassen Sie sich ihn von einer vertrauten Person vorlesen. Nehmen Sie sich etwa eine halbe Stunde Zeit für diese Übung. Suchen Sie sich einen ruhigen Ort, an dem Sie ganz ungestört sind. Legen Sie sich entspannt auf den Rücken, auf einen Teppich oder auf eine Decke, und atmen Sie tief ein und aus. Lauschen Sie den Text der Sonnenmeditation:

„Sobald wir still werden, ist das Lichtfeld da. Es hüllt uns ein. Durchdringt uns. Wir erahnen, was es bedeutet, durchströmt zu werden, im Licht zu sein, die Sonne zu spüren und alles zu lassen. Einfach zu vertrauen.

Die Atmung, die aus dem Licht kommt, wird uns jetzt bewusst. Durchdringt und durchströmt uns. Wir sind ganz im Energiefeld der kosmischen Schwingung. Da unser Bewusstsein wach ist, können wir lauschen auf das, was jetzt vor sich geht, was in uns passiert. Das Vertrauen ist da, dass alles, was geschieht, zu unserem Wohle ist. Dieses Gefühl fließt aus einer anderen Ebene unseres Seins. Erhebt uns zu dem Lichtkörper, der auf uns wartet. Er möchte sich herabsenken, sich mit uns verbinden. Dass Seele und Körper sich immer mehr finden.

Ich bin verbunden mit diesem Körper, lebe in diesem Feld zwischen ihm und mir. Tief schlummernde Energien werden aktiviert. Ich bin ganz auf Empfang. Ich kann lauschen. Fühlen. Und alle Energien in meinem Körper werden aktiv. Empfange Nahrung, Nahrung aus dem Kosmos. Das Gefühl der Schwingung ist im ganzen Körper. Lebendigkeit nimmt Schritt um Schritt Besitz von mir. Und wenn da noch Blockaden sind, dann bitten wir den silbernen Strahl, diesen hellen Lichtstrahl, die Blockierungen zu lösen, die Ablagerungen in den Zellen zu verwandeln, damit Energie frei wird.

Mit der Stärke dieser Lichtstrahlen kann sich die Blüte des Herzens öffnen und den Duft der Liebe ausströmen lassen. Das kosmische Licht fällt hinein. Und vom Herzen her werden sich alle Körperenergien vereinen zu einem großen Lichtball. Ich atme Licht durch das Zentrum meines Herzens und weite mein Herz zu einer wunderschönen, leuchtenden Sonne, die sich immer mehr in alle Richtungen ausdehnt. Ausbreitet wie ein Sonnenball. Ich atme Licht durch das Zentrum meines Herzens. Dehne

Wenn es warm und hell ist, fühlen Körper und Seele sich wohl. Denn Licht ist Leben.

Beauty-Tipps rund ums Sonnenbad

Seit die Römer sonnengebräunte Haut zum Schönheitsideal erklärten, erfreut sich das Sonnenbad großer Beliebtheit. Doch in unserem Jahrhundert kann das aggressive UV-Licht fast ungehindert durch die zerstörte Ozonschicht hindurch auf unsere Haut brutzeln. Deshalb ist es für Kinder und hellhäutige Menschen mit blauen Augen, hellem Haar und empfindlicher Haut besonders wichtig, Sonnenschutzmittel zu benutzen. Mit den folgenden Tipps wird Sonnen zum ungetrübten Vergnügen:

➤ Nehmen Sie ein Präparat, das gegen UV-A- und UV-B-Strahlen schützt.

➤ Beginnen Sie mit einem hohen Lichtschutzfaktor, und bleiben Sie nicht länger als 10 bis 15 Minuten in der Sonne.

➤ Nach zwei bis drei Wochen hat sich Ihre Haut an die Sonne gewöhnt und verträgt mehr davon; Sie können nun einen niedrigeren Lichtschutzfaktor wählen.

➤ Empfindliche Stellen wie Nasenrücken, Wangenknochen, Schultern, rasierte Beine, Dekolleté und Brustspitzen brauchen mehr Schutz. Benutzen Sie einen Sunblocker.

➤ Sonnenmilch immer 30 Minuten vor dem Sonnenbad auftragen, da der Lichtschutz erst nach einiger Zeit wirksam wird.

➤ Nehmen Sie den Begriff „wasserfest" bei Sonnenschutzmitteln bitte nicht wörtlich! Zwar wäscht sich die Creme nicht komplett ab, aber ihre Wirkung halbiert sich etwa, wenn Sie damit schwimmen gehen.

diese leuchtende Sonne immer mehr, bis ich eine Einheit des Lichts bin. Diese Sonne wird immer weiter strahlen. Gewaltig, doch mild. Ich bin eine Einheit des Lichts. Ich lebe im Licht. Ich liebe im Licht. Ich lache im Licht. Denn ich bin das Licht. Ich bin Licht. Ich bin im Einklang mit meiner Seele. Mit meiner Bestimmung."

Atmen Sie tief ein und aus. Ruhen Sie noch einen Moment. Spüren Sie die Wärme und das Licht. Kehren Sie dann aus der Meditation zurück. Bewegen Sie Hände und Füße. Werden Sie wieder ganz wach.

August: Junges Gemüse und fitte Früchtchen

Bei flirrender Hitze hat man Appetit auf knackiges Obst, Gemüse und erfrischende Getränke. Dieses Veggie-Wochenende hilft dem Körper, Ballast abzuwerfen. Nutzen Sie zusätzlich das schöne Wetter, um sich an der frischen Luft zu bewegen; denn im Outdoor-Fitness-Studio nehmen Sie mit Beachvolley- oder Federball spielend ab.

Leichte Sommerküche

Leuchtend rote Himbeeren, duftende Pfirsiche, knackfrische Möhren, grüne Bohnen oder aromatisch süße Zuckerschoten: Gerade jetzt im Sommer wird auf dem Wochenmarkt einheimisches Gemüse und Obst in Hülle und Fülle angeboten. Ihr Duft und ihr Aroma sind geradezu unwiderstehlich. Gut so. Denn egal, welche Wahl Sie treffen: All diese leckeren Sachen haben wenig Kalorien und einen hohen Fitnessfaktor.

Und jetzt ist die Gelegenheit, es sich ein ganzes Wochenende ausschließlich mit frischen Früchten und Gemüse gut gehen zu lassen. Abwechslung ist garantiert. Denn daraus lassen sich herrliche Salate zum Sattessen und köstlich kühle Drinks zubereiten. Wenn die Sonne heiß vom Himmel sengt, hat man sowieso eher Lust auf einen frischen kleinen Snack. Obst und Gemüse sind sehr wasserreich und tragen so zur Deckung des Flüssigkeitsbedarfs bei. Das ist gerade im Sommer extrem wichtig. Die erfrischende Wirkung der Früchte des Sommers hängt auch mit dem hohen Gehalt an Fruchtsäuren und fruchteigenen Zuckern zusammen, die schnelle Energie liefern, dabei den Körper aber nicht belasten.

Genießen Sie Obst und Gemüse am besten roh als Salat oder frisch gepresst als Drink. Nur so bekommen Sie die geballte Pflanzenpower von Vitaminen, Mineralstoffen, bioaktiven Pflanzen- und wertvollen Ballaststoffen. Die einzigartige Kombination und besonders hohe Konzentration von Vitamin C und E, Kalium und Carotinoiden helfen, überschüssiges Wasser und Fett aus den Zellen zu schwemmen, und straffen das Bindegewebe.

DAS RICHTIGE DRUMHERUM

Ein Salat, garniert mit hauchzarten Parmesanspänen oder etwas würzigem Schafskäse, macht angenehm satt. Die Kombination mit hochwertigem Eiweiß bringt zusätzlich richtig Power. Wertvolle kaltgepresste Pflanzenöle wie Oliven- oder Weizenkeimöl im Dressing versorgen mit lebenswichtigen Fettsäuren. Salz hebt die Wirkung des entwässernden Kaliums wieder auf. Deshalb sollten Sie es nur sparsam, am besten gar nicht verwenden. Stattdessen lieber mit duftenden Kräutern wie Basilikum, Schnittlauch oder Petersilie würzen.

Erfrischende Drinks und Shakes für zwischendurch sind superlecker und fluten den Organismus mit gesunden Nähr- und Ballaststoffen, die entgiften und das Immunsystem stärken. Frisch gepresst aus erntefrischem Obst und Gemüse, kombiniert mit fettarmen Joghurts, Kefir oder Buttermilch, stehen sie den Salaten in nichts nach. Auch an diesem Wochenende gilt: zusätzlich viel trinken, möglichst (kaliumreiches) Mineralwasser mit wenig oder ganz ohne Kohlensäure. In Kombination mit der

Rohkost bringt es die Verdauung und den Darm in Schwung. Ein ausreichend mit Ballaststoffen und Flüssigkeit versorgter Darm arbeitet nicht nur effektiver, sondern transportiert auch Schadstoffe schneller aus dem Körper.

FITMACHER DES MONATS

Friséesalat zählt zu den Endivien und ist erheblich nährstoffreicher als der normale Kopf- oder Eisbergsalat. Die reichlich enthaltene Folsäure kann sogar besonders gut vom Körper verwertet werden. Daneben enthält der Friséesalat den Ballast- und Bitterstoff Inulin. Dieser fördert die Bildung einer gesunden Darmflora, beschleunigt außerdem die Fettverdauung und wirkt leicht harntreibend.

Kefir enthält wie alle Milchprodukte viel Kalzium. Ein Mangel dieses Minerals kann zur Übererregbarkeit von Muskeln und Nerven führen. Dank des Milchzuckers kann der Körper Kalzium aus Quark oder Käse aber besonders gut ausnutzen. Die enthaltenen Milchsäurebakterien haben eine wohltuende Wirkung auf den Darm und kurbeln sanft die Verdauung an.

ZWISCHENMAHLZEITEN

Zwei pro Tag zum Aussuchen:

➤ Tomatensaft mit gehacktem Basilikum, Salz und Pfeffer.

➤ 3 frische Aprikosen entsteinen, pürieren, mit 100 ml gut gekühltem Kefir auffüllen und mit Zimt abschmecken.

➤ 100 g Blaubeeren grob zerdrücken, mit 100 ml gut gekühltem Kefir auffüllen und mit 1 TL Honig verrühren.

➤ 75 g frische Himbeeren und 75 g Galia-Melone pürieren, mit Honig verrühren und mit Mineralwasser auffüllen.

Zur leichten Sommerküche gehören erfrischende Drinks mit den verschiedensten Früchten.

Obstsäfte, frisch gemixt, sind besonders köstlich! Außerdem strotzen sie vor Mineralstoffen.

Freitag
ABENDS: SALAT MIT KEFIR

➤ **Zutaten:** *3 EL Kefir, Jodsalz, Pfeffer, 1/2 TL Dijon-Senf, frische Kräuter, 1 Lauchzwiebel, 1 Tomate, 4 Champignons, 1/2 Kopf Friséesalat, 1 kleines Stück Knoblauchzehe, 1 TL Olivenöl, 1 Vollkorn-Baguettebrötchen*

SO WIRD'S GEMACHT

Kefir, Salz, Pfeffer und Senf verrühren. Kräuter hacken und unterrühren. Zwiebel, Tomate und Pilze klein schneiden. Salat abspülen und in mundgerechte Stücke zupfen. Salatzutaten auf einem großen Teller anrichten. Knoblauch hacken, Öl in einer Pfanne erhitzen, Brötchen halbieren und die Schnittflächen im Knoblauchöl knusprig braten, salzen. Dressing über den Salat träufeln. Dazu das Baguettebrötchen.

Samstag
MORGENS: MELONE MIT KOKOS

➤ **Zutaten:** *1/2 kleine Galia-Melone, 1 TL Kokosraspel, 150 ml Kefir, etwas frische Minze*

SO WIRD'S GEMACHT

Melone in Würfel schneiden, mit Kokosraspeln mischen, Kefir darüber geben und alles gut durchkühlen lassen. Mit Minzeblättchen bestreuen.

MITTAGS: MELONEN-NUDEL-SALAT

➤ **Zutaten:** *40 g Nudeln (zum Beispiel Spirelli), Jodsalz, 3 EL Weißweinessig, Pfeffer, 1/2 TL Dijon-Senf, 1 TL Olivenöl, 1 Tomate, einige Stiele frische Kräuter der Saison, 1/2 kleine Galia-Melone, 1/2 kleiner Friséesalat*

SO WIRD'S GEMACHT

Nudeln in Salzwasser gar kochen, abtropfen und abkühlen lassen. Essig, Salz, Pfeffer, Senf und Öl verrühren. Tomate fein würfeln. Kräuter hacken, beides unter die Vinaigrette rühren. Nudeln unterheben und 10 Minuten ziehen lassen. Melone würfeln, Salat in mundgerechte Stücke zupfen, beides mit den Nudeln mischen und nochmals abschmecken.

ABENDS: BROKKOLISALAT

➤ **Zutaten:** *300 g Brokkoli, Jodsalz, 1 Ei (Größe S), 1 Tomate, 1/2 Bund frische Kräuter, 3 EL Kefir, Pfeffer, 1 Vollkornbrötchen*

SO WIRD'S GEMACHT

Brokkoli teilen und in wenig Salzwasser 5 Minuten weich dünsten. Etwas abkühlen lassen. Ei hart kochen. Tomate würfeln. Kräuter fein hacken, mit Kefir verrühren und würzen. Brokkoli und Tomate mit dem Kefir-Dressing mischen. Nochmals abschmecken. Ei schälen, hacken und darüber streuen. Dazu das Brötchen.

Sonntag
MORGENS: MEERRETTICHTOAST

➤ **Zutaten:** *2 EL Magerquark, 1 EL Mineralwasser, 1/4 TL geriebener Meerrettich, Jodsalz, Pfeffer, 2 Blätter Friséesalat, 1 Vollkorntoast, 100 g Magermilchjoghurt, 1 TL Honig, 100 g frische Himbeeren*

SO WIRD'S GEMACHT

Quark, Mineralwasser, Meerrettich, Salz und Pfeffer glatt rühren. Salat klein zupfen. Toast rösten und abkühlen lassen. Mit dem Quark bestreichen, mit Salat belegen, diagonal durch-

Brokkolisalat mit Vollkornbrötchen

schneiden und zusammenklappen. Joghurt und Honig verrühren, mit Himbeeren anrichten.

MITTAGS: BANDNUDELSALAT MIT SOMMERGEMÜSE

➤ **Zutaten:** *40 g Bandnudeln, Jodsalz, 20 g getrocknete Steinpilze, 50 ml Gemüsebrühe (Instant), Pfeffer, 50 g Zuckerschoten, 1 kleine rote Paprika, 1 kleine Zucchini, 1 TL Olivenöl, 1 EL Balsamessig, 1 TL Honig, 1/2 Bund Basilikum*

SO WIRD'S GEMACHT

Nudeln in Salzwasser garen. Abgießen, abtropfen lassen und lauwarm abkühlen. Pilze in heißer Brühe aufkochen und köcheln lassen, bis die Flüssigkeit fast ganz verdampft ist. Pilze etwas abkühlen lassen und fein hacken. Salzen und pfeffern.

Zuckerschoten, Paprika und Zucchini klein schneiden, im heißen Öl 5 Minuten dünsten. Mit Steinpilzpesto, Balsamessig, Salz, Pfeffer und Honig abschmecken. Gemüse und Nudeln mischen, abschmecken. Basilikum darüber streuen.

ABENDS: MOZZARELLA-TOMATEN MIT BASILIKUM

➤ **Zutaten:** *2 Tomaten, 1/2 kleiner Friséesalat, 1 Kugel Mozzarella (125 g), frisches Basilikum, Jodsalz, schwarzer Pfeffer, 1 TL Olivenöl, 2 TL Balsamessig, 1 Sesamknäcke*

SO WIRD'S GEMACHT

Tomaten in Scheiben schneiden, Salat in mundgerechte Stücke zupfen. Mozzarella würfeln. Alles auf einem Teller anrichten. Mit Salz und Pfeffer würzen. Öl und Essig darüber träufeln. Dazu das Knäckebrot.

Spielend abnehmen

Sonne und Urlaub. Da gibt's nur einen Ort der Begierde: den Strand (wahlweise die Wiese am See oder auch das Freibad). Inbegriff für Faulenzen, Freizeit und Vergnügen. Doch so ein Sandstreifen – egal ob in Westerland oder an der Copacabana – eignet sich auch hervorragend als Outdoor-Fitnessclub.

Nur die eigene Motivation entscheidet über die Wahl der Aktivitäten: Ganz gleich, ob Sie sich für Beachvolleyball, Wasserball oder das gute alte Federballspiel entscheiden, aus Ihrem langweiligen, trägen Sandgelage wird ein aktives Beach-Workout, und Sie kommen spielend in Topform, verbessern Ihre Ausdauer und kurbeln den Energieverbrauch an. Wenn Sie keinen von unseren Vorschlägen aufgreifen möchten, können Sie auch eine Frisbee-Scheibe nehmen oder Boccia spielen. Hauptsache, Sie bewegen sich. Also, trommeln Sie ein paar Freunde zusammen, und dann heißt es: raus aus der Liege und ran an den Ball!

TRENDSPORT AM STRAND: BEACHVOLLEYBALL

Zum Einstieg beginnen Sie mit sechs gegen sechs Spielern. Statt eines Netzes tut es fürs Erste auch eine Wäscheleine. Wärmen Sie sich zunächst ein bisschen auf, indem Sie mit einem Partner „pritschen" üben und sich den Ball locker zuspielen. Und dann geht's los! Beachvolleyball strengt zwar an, tut Ihnen aber viel Gutes: In erster Linie ist das Strandspiel ein gutes Kreislauftraining, da das Herz für die schnellen Aktionen kurzfristig viel Blut in die Muskeln pumpen muss. Die Koordination wird verbessert und geschult. Und auch die Kraft kommt nicht zu kurz. Besonders arbeiten muss Ihre Rumpfmuskulatur, um im weichen Sand das Gleichgewicht zu halten. Die Sprünge und Sprints kräftigen die Unterschenkel- und Fußmuskeln. Da der Sandboden Hechtsprünge und Stürze weich abfängt, ist die Verletzungsgefahr beim Beachvolleyball viel geringer als beim Spiel in der Halle. Und da der sandige Untergrund nachgibt, kommt es zu ständig wechselnden Winkeleinstellungen der Gelenke. So laufen Sie nicht Gefahr, sich einseitig zu belasten.

EIN KLASSIKER: FEDERBALL

Für Federball brauchen Sie keinen Strand. Eine grüne Wiese lädt genauso zum Federballturnier ein. Den Sieger können Sie anschließend mit einem vegetarischen Picknick belohnen. Wenn Sie richtig Wettkampfstimmung aufkommen lassen wollen, müssen Sie ein Feld von 5 mal 13 Meter Größe abstecken und eine Schnur als Netz in 1,55 Meter Höhe spannen. Nehmen Sie spezielle Windfederbälle, und dann zählen Sie wie beim Tischtennis zwei Sätze bis 21 Punkte. Beim Federballspiel verbrauchen Sie nicht so viel Energie wie beim Beachvolleyball. Dafür belasten Sie aber gleichmäßiger Ausdauer, Kraft und Koordination und haben damit ein Rundum-Fitnessprogramm – Spaß inklusive.

DAS FEUCHTE VERGNÜGEN: WASSERBALL

Geben Sie sich mit ein paar Freunden im Wasser die Kugel: Statt Toren können Sie auch zwei Eimer, die Sie mit einem schweren Stein an einer langen Leine am Meeresgrund verankern, verwenden. Eine Partie Wasserball verlangt Übersicht, schult die Koordination und kräftigt gleich mehrere Muskelgruppen auf einmal. Die kurzen Zwischensprints kosten Kraft. Außerdem müssen Sie ständig gegen den Wasserwiderstand ankämpfen, so dass Sie auch Ihre Ausdauer trainieren.

HERBSTLEUCHTEN

Im Spätsommer färbt sich das Laub an den Bäumen in allen Schattierungen von golden bis bordeauxrot, und die Früchte des Jahres sind **reif für die Ernte.** Wenn die Tage kürzer werden, beginnt der Rückzug: Wir machen es uns **zu Hause gemütlich,** lesen, meditieren vielleicht. Ideal für eine kleine Kur, um danach **gestärkt** in die neue Woche zu starten.

September:
Brain-Food-Weekend

Unser Gehirn muss täglich Höchstleistungen vollbringen. Eine gezielte Lebensmittelauswahl mit den richtigen Nährstoffen kann Konzentration, Gedächtnis, psychische Ausgeglichenheit und Belastbarkeit spürbar verbessern. Wenn Sie Ihre grauen Zellen optimal versorgen, klappt es auch mit dem Schlankdenken. Durch positive Suggestion können Sie Ihren Stoffwechsel und Ihre Körperstruktur beeinflussen.

Nervennahrung für helle Köpfe

Der Hauptenergielieferant des Gehirns sind komplexe Kohlenhydrate – am besten aus Haferflocken, Linsen, Reis, Nudeln oder Brot. Sie geben ihre Energie ganz langsam ins Blut ab, so dass das Gehirn und alle anderen Organe über einen längeren Zeitraum gleichmäßig versorgt sind. Das Ergebnis: Wir können uns gut konzentrieren, sind ausgeglichen und bester Laune. Da das Gehirn keine Speicher hat, muss es kontinuierlich gefüttert werden. Das heißt: nicht drei große, sondern mehrere kleine (am besten fünf) Mahlzeiten am Tag sind optimal.

Neben Kohlenhydraten sind Eiweiß, hochwertiges Fett sowie Vitamine und Mineralstoffe lebensnotwendig. Besonders hochwertiges Brain Food sind die B-Vitamine: Vitamin B1 aus Vollkornprodukten, Bierhefe, Sojabohnen, Weizenkeimen oder Linsen, Vitamin B6 aus Makrele, Schnittbohnen und Paprika und Vitamin B12 aus Rotbarsch, Sauerkraut oder Speisequark. B-Vitamine wirken als Co-Enzyme von bestimmten Botenstoffen und spielen eine zentrale Rolle im Energiestoffwechsel.

Aus den kleinsten Eiweißbausteinen werden Botenstoffe (Neurotransmitter) hergestellt. Sie erfüllen verschiedene Aufgaben:

Lezithin ist mitverantwortlich für das Konzentrationsvermögen und die Wahrnehmung, enthalten in Haferflocken, Nüssen oder Eiern. Aus der Aminosäure Tyrosin (in Tofu, Fisch, Hähnchen und Käse) wird das Hormon Dopamin hergestellt. Es beflügelt Fantasie und Gefühle. Das hochwirksame Glückshormon Serotonin wird aus der Aminosäure Tryptophan (in Bananen, Hülsenfrüchten, Roten Beten, Fenchel, Tomaten und Spinat enthalten) gebildet. Es dämpft negative Gefühle wie Hunger, Schmerz oder Aggression. Gleichzeitig sorgt Serotonin für eine gesteigerte Muskelaktivität und fördert eine entspannte, ausgeglichene Stimmungslage.

FETTE NUR IN BESTER QUALITÄT

Fettsäuren sorgen als „Schmierstoffe" für einen reibungslosen Transport von Informationen. Zudem sind sie Schutz und Polster für die empfindlichen Hirn- und Nervenzellen. Das Gehirn akzeptiert allerdings nur „erste Qualität", das heißt ungesättigte Fettsäuren aus Lachs, Makrele, Olivenöl oder Nüssen. Mineralstoffe wie Magnesium und Kalzium in Bananen, Nüssen, Joghurt oder Käse sind ebenfalls an der Informationsübertragung beteiligt. Sie beruhigen die Nerven und fördern die Konzentration.

Der hohe Gemüseanteil in den Rezepten sorgt mit den enthaltenen Vitalstoffen für eine Reinigung von innen. Sie stimulieren die Verdauungssäfte und kurbeln den Stoffwechsel an.

FITMACHER DES MONATS

Rotbarsch: Der appetitliche Fisch hat einen ganz besonders feinen, milden Geschmack. Rotbarsch ist reich an abwehrstärkendem Selen und dem Stoffwechselbeschleuniger Jod. Mehrfach ungesättigte Fettsäuren machen Rotbarsch zur wertvollen Nervennahrung.

Walnuss: Die aromatischen Kerne schützen den Darm vor Krebserkrankungen und beugen Arteriosklerose vor. Ungesättigte Fettsäuren wie Linolsäure sind reichlich enthalten und dienen als Schutzschild für die empfindlichen Gehirnzellen. Deshalb sollten Sie die kleinen Powerpakete so oft wie möglich knabbern. Achten Sie aber darauf, dass Sie Ihr Kalorienkonto dabei nicht überziehen.

ZWISCHENMAHLZEITEN

Zwei pro Tag zum Aussuchen:

➤ 200 g Wassermelone zum Naschen, 2 Cracker mit 1 TL kalorienreduziertem Kräuterfrischkäse bestreichen.

➤ 1 Möhre und 1/4 Salatgurke in längliche Streifen schneiden. 2 Cracker mit 1 TL kalorienreduziertem Kräuterfrischkäse bestreichen.

➤ 1/3 Mozzarellakugel (40 g) würfeln, 1 Tomate in Scheiben schneiden, würzen, mit frischem Basilikum anrichten.

➤ 150 g Magermilchjoghurt, 1 TL Honig, 5 gehackte Walnusskernhälften verrühren.

Für konzentriertes Arbeiten, gutes Denkvermögen und starke Nerven ist das richtige Brain Food unerlässlich.

Walnüsse enthalten reichlich ungesättigte Fettsäuren und sind die ideale Nahrung für die grauen Zellen.

Bunter Nudelsalat mit Senf-Joghurt-Dressing

Freitag

ABENDS: ROTBARSCH-NUGGETS IN KNUSPERTEIG

➤ **Zutaten:** *1 Walnuss, 1 Knoblauchzehe, 1/2 kleine rote Chilischote, 1 kleine Fenchelknolle, 2 mittelgroße Möhren, 1 TL Sonnenblumenöl, Sojasauce, Pfeffer, 150 g Rotbarschfilet, 1 Eiweiß, Jodsalz, 1 TL Speisestärke*

SO WIRD'S GEMACHT

Walnuss grob hacken und in einem Wok oder einer großen Pfanne rösten, herausnehmen. Knoblauch und Chili hacken. Fenchel und Möhren in feine Stifte schneiden. Öl in einem Wok erhitzen, Knoblauch, Chili und Gemüse darin unter Wenden 5 Minuten braten, mit Sojasauce und Pfeffer würzen, herausnehmen und warm stellen. Fischfilet würfeln. Eiweiß und 1 Prise Salz sehr steif schlagen, Speisestärke unterziehen. Fisch salzen und pfeffern und durch den Eiweißteig ziehen. Im Wok knusprig braten. Gemüse, Walnüsse und Fisch-Nuggets anrichten.

Samstag

MORGENS: KÄSEBRÖTCHEN MIT WALNÜSSEN

➤ **Zutaten:** *1 Hafer-Vollkornbrötchen, 30 g Gouda (30 % Fett), 1 TL Honig, 1 Walnuss, 100 g Magermilchjoghurt, 50 g Weintrauben*

SO WIRD'S GEMACHT

Brötchen aufschneiden, eine Hälfte mit Käse belegen, eine Hälfte mit Honig bestreichen, Nüsse hacken und darüber streuen. Joghurt und Trauben anrichten.

MITTAGS: CHAMPIGNONTOAST

➤ **Zutaten:** *2 Scheiben Vollkorntoast, 1 Walnuss, 4 Champignons, 1 Tomate, 1/2 Kugel Mozzarella, Jodsalz, Pfeffer, frisches Basilikum*

SO WIRD'S GEMACHT

Toastscheiben rösten. Walnuss grob hacken. Pilze in Scheiben schneiden. Tomate würfeln, mit Pilzen und Nüssen mischen und auf den Toastscheiben anrichten. Mozzarella in Scheiben schneiden und darauf legen, würzen. Im Grill oder im Backofen etwa 5 Minuten überbacken. Mit Basilikum anrichten.

ABENDS: ROTBARSCHFILET MIT KRUSTE

➤ **Zutaten:** *150 g Kartoffeln, 150 g Rotbarschfilet, Jodsalz, Pfeffer, 1 Tomate, 1 Walnuss, 1 Salbeiblatt, 2 EL geriebener Parmesan*

SO WIRD'S GEMACHT

Kartoffeln in der Schale kochen, pellen und in Stücke schneiden. Filet abspülen, klein schneiden, würzen und mit den Kartoffeln in eine Auflaufform schichten. Tomate würfeln, Walnuss und Salbei fein hacken, alles mischen und auf dem Fisch verteilen. Parmesan darüber streuen. Im Backofen bei 175 Grad 15 Minuten überbacken.

Sonntag
MORGENS: OBSTSALAT

➤ **Zutaten:** *200 g Wassermelone, 1 Kiwi, 1 Pfirsich, 1 Walnuss, 1 kleines Vollkornbrötchen, 2 Scheiben Lachsschinken ohne Fettrand, 50 g Salatgurke, Pfeffer*

SO WIRD'S GEMACHT

Melone, Kiwi und Pfirsich klein schneiden und mischen. Walnuss hacken und darüber streuen. Brötchen mit Schinken und Gurke belegen, mit Pfeffer bestreuen.

MITTAGS: PUTENGESCHNETZELTES MIT PFIFFERLINGEN

➤ **Zutaten:** *50 g Wildreis-Langkornreis-Mischung, Jodsalz, 100 g Putenschnitzel, 150 g Pfifferlinge, 1 Lauchzwiebel, 1/2 Bund frische Kräuter (z. B. Kerbel, Petersilie), 1 TL Sonnenblumenöl, 1 EL saure Sahne, Pfeffer*

SO WIRD'S GEMACHT

Reis nach Packungsanweisung in Salzwasser gar quellen lassen. Schnitzel in Würfel schneiden, Pilze und Lauchzwiebel putzen. Kräuter hacken. Öl in einer Pfanne erhitzen. Zwiebel, Putenwürfel und Pilze darin etwa 5 Minuten braten, saure Sahne unterrühren. Mit Salz und Pfeffer würzen. Kräuter darüber streuen und mit Reis anrichten.

ABENDS: BUNTER NUDELSALAT

➤ **Zutaten:** *75 g Nudeln (z. B. Spirelli), Jodsalz, 1 Lauchzwiebel, 1 kleine rote Paprika, 1 Tomate, 1 Stück (50 g) Salatgurke, 100 g Magermilchjoghurt, Pfeffer, 1 TL Dijon-Senf, 1 kleines Stück Knoblauchzehe, 1 Walnuss*

SO WIRD'S GEMACHT

Nudeln in Salzwasser garen. Lauchzwiebel, Paprika, Tomate und Gurke klein schneiden. Joghurt, Salz, Pfeffer und Senf verrühren. Knoblauch schälen und dazupressen. Nudeln abgießen, mit kaltem Wasser abschrecken und gut abtropfen lassen. Nudeln und vorbereitete Zutaten mit dem Dressing mischen. Nochmals abschmecken. Walnuss hacken und darüber streuen.

Denken Sie sich schlank!

Ihr Entschlackungswochenende können Sie mental unterstützen, indem Sie Ihre innere Einstellung auf „schlank" trimmen. Solange Sie sich selbst für unförmig und dick halten, werden auch andere Sie so wahrnehmen. Unser Unterbewusstsein nimmt alle Informationen einfach auf, ohne sie auf ihre Richtigkeit hin zu überprüfen.

Das kann sich schnell negativ auswirken. Wenn eine Frau sich zum Beispiel immer wieder einredet, sie sei dick und hässlich, übernimmt das Unterbewusstsein irgendwann diese Information – obwohl sie gar nicht stimmt. Unser Verhalten und unser äußeres Erscheinungsbild werden durch unsere Gedanken und Empfindungen maßgeblich beeinflusst: Fühlen wir uns schlecht, sieht unsere Haut blass und schwammig aus. Sind wir hingegen guter Laune, schimmert unser Teint rosig, und unsere ganze Erscheinung strahlt.

Wissenschaftlich ist schon lange bewiesen: Durch Autosuggestion können wir unseren Stoffwechsel und unsere Körperstruktur gezielt beeinflussen. Ja, die Kraft unserer Gedanken verschafft uns sogar unsere Wunschfigur. Denn auch diese Information wird vom Unterbewusstsein durch ständiges Wiederholen übernommen und wirkt sich dann entsprechend in der Realität aus. Mit bewusst eingesetzten inneren Bildern und Visualisierungen können wir lernen, zu entspannen und den Organismus positiv zu beeinflussen.

BEGINNEN SIE JETZT!

Viele Menschen versprechen sich ein glücklicheres, schlankeres Leben durch die Veränderung bestimmter Lebensumstände, nach dem Motto: „Wenn ich erst die Teilzeitstelle habe, habe ich mehr Zeit für mich und kann dann auch abnehmen." Diese Erwartung erfüllt sich leider in den meisten Fällen nicht. Kommen Sie lieber zuerst mit sich selbst ins Reine, und verändern Sie danach die äußeren Umstände. Dann können Sie Ihr Vorhaben viel entspannter angehen, weil Sie ja eigentlich auch jetzt schon zufrieden sind und nur noch an Details feilen möchten. Und Ihr neues Leben mit schlanker Figur beginnt sofort! Schieben Sie Ihr Vorhaben also nicht auf die lange Bank, sondern starten Sie noch heute. Stellen Sie sich vor den Spiegel, schauen Sie sich in die Augen, nennen Sie laut Ihren Vornamen, und sagen Sie dann: „Ich mag dich so, wie du bist!"

EINE SCHLANKE FIGUR ENTSTEHT IM KOPF

Bestimmte Bilder, die in unseren Gedanken existieren, stammen gar nicht aus unserer eigenen Vorstellungswelt, sondern sind durch unsere Umwelt entstanden. Versuchen Sie, negative Bilder durch positive zu ersetzen. Ihre äußere Erscheinung wird sich dann dem gedanklichen Bild anpassen. Dazu bieten sich spezielle Vorstellungsübungen an, die Sie in einer entspannten Situation (zum Beispiel vor dem Einschlafen) durchführen sollten. Stellen Sie sich vor, dass Sie genau die Figur haben, die Sie erreichen möchten. Führen Sie sich genau vor Augen, wie Sie sich dann anziehen möchten, wie Sie sich bewegen, wen Sie treffen und welche Aktivitäten Sie unternehmen möchten. Je deutlicher Sie sich dieses Bild ausmalen und je mehr Sie sich dabei auch vorstellen, sich gut zu fühlen, desto mehr wird Ihr Unterbewusstsein danach streben, es zu erreichen. Es wird Ihnen leichter fallen, gemäßigt und vernünftig zu essen, denn Sie haben Ihr Ziel immer vor Augen.

FIXIEREN SIE IHR WUNSCHGEWICHT

Lassen Sie sich Ihr Wunschgewicht in einen Anhänger oder in ein Armband eingravieren. Tragen Sie den Anhänger oder das Armband immer an Ihrem Körper. Jedes Mal, wenn Sie darauf schauen, werden Sie an Ihr Ziel erinnert, und Ihr Unterbewusstsein prägt sich diese Vorstellung ein.

Autosuggestion hilft beim Schlankwerden und -bleiben. Nützen Sie die Kraft Ihrer Gedanken!

HABEN SIE IHR IDEALBILD VOR AUGEN

Je lebendiger Sie sich Ihr Ziel in Ihrer Fantasie ausmalen, umso mehr werden Sie angespornt, es zu erreichen. Suchen Sie sich deshalb aus Ihrem Fotoalbum ein Bild von sich heraus, auf dem Sie Ihre Wunschfigur haben. Falls es kein solches Bild von Ihnen gibt, nehmen Sie sich ein paar Frauenzeitschriften, und basteln Sie sich Ihre Wunschfigur mit einem Foto von Ihrem Kopf zusammen. Schauen Sie sich dieses Bild so oft wie möglich an, damit diese Vorstellung möglichst schnell in Ihr Unterbewusstsein gelangt und dort ihre Wirkung entfalten kann. Eines Tages folgen Sie nicht nur in Gedanken, sondern tatsächlich Ihrem Ideal.

FORMELN UNTERSTÜTZEN DIE DIÄT

Nützen Sie auch bestimmte Formeln, die Sie sich in Gedanken immer wieder vorsprechen. So können Sie Ihr Entschlackungswochenende zum Beispiel unterstützen, indem Sie sich in jeder ruhigen Minute, in der U-Bahn oder während Sie vor einer roten Ampel warten, vorsprechen: „Ich fühle mich schlank und wohl." Wichtig: Damit die Formel wirkt, muss sie kurz und prägnant, positiv in der Gegenwartsform formuliert sein, eintönig und rhythmisch klingen. Wenn Sie diese Übungen ein Wochenende lang geübt haben, haben Sie damit eine gute Basis geschaffen, um sie in Ihren Alltag einfließen zu lassen.

Oktober: Frischkur mit Pflanzenpower

Pflanzen haben's in sich: Sie liefern nicht nur Vitamine, sondern auch hochwirksame Substanzen wie Farbstoffe, ätherische Öle oder Aromen, die unserer Gesundheit auf vielfältige Weise gut tun. Auch äußerlich angewandt machen Pflanzen frisch: Kosmetik zum Selbermachen versorgt die Haut mit Vitalstoffen und lässt sie glatt und seidig schimmern.

Die Gesundheitsschützer

Lange Zeit vermutete man, allein die Vitamine machten Obst und Gemüse so gesund. Heute weiß man, dass in unseren pflanzlichen Nahrungsmitteln Zehntausende von pharmakologisch hochwirksamen Substanzen enthalten sind, die so genannten sekundären Pflanzenstoffe. Diese Inhaltsstoffe heißen so, weil sie nicht direkt dem Stoffwechsel der Pflanze dienen – anders als die primären, notwendigen Inhaltsstoffe wie Eiweiß, Fett und Kohlenhydrate. Doch diese „zweitrangigen" Pflanzeninhaltsstoffe haben erstaunliche Auswirkungen auf unsere Gesundheit.

Carotinoide zum Beispiel, das Make-up der Pflanzen, zaubern rote oder gelbe Nuancen in Blüten und Fruchtfleisch – etwa bei Möhren, Kürbis, Tomaten und Aprikosen. Manchmal tarnen sich diese Inhaltsstoffe aber auch im kräftigen Grün des Grünkohls oder des Spinats. Carotinoide können vor Krebs- und Herz-Kreislauf-Erkrankungen schützen – dank ihrer antioxidativen (zellschützenden) Eigenschaften. Am besten verwertet der Körper die Carotinoide aus gelbem Obst oder Gemüse. Die grünen Vertreter sind recht hitzeempfindlich und sollten nur sanft gegart oder roh gegessen werden.

Echt scharf sind **Glucosinolate**. Sie geben Kresse, Meerrettich, Senf und Kohlgemüse ihren würzigen Geschmack. Sie wirken entzündungshemmend und auch vorbeugend gegen bestimmte Krebsarten. Ihre Wirkung entfaltet sich am besten, wenn sie roh, geraspelt oder in Scheiben geschnitten verzehrt werden.

Polyphenole bestehen aus einer Vielzahl von Substanzen mit unterschiedlichen Wirkungen. Flavonoide etwa sind Farbstoffe, die Kirschen, Heidelbeeren oder Rotkohl ihre tiefrote Farbe verleihen. Gerbsäuren stecken in Wein sowie grünem und schwarzem Tee. Sie alle hemmen bösartige Veränderungen an den Zellen, wehren Infektionen ab und wirken antioxidativ. Die höchsten Konzentrationen von Polyphenolen findet man in der Schale von Obst und Gemüse sowie in den äußeren Schichten von Getreidekörnern.

Sulfide aus Zwiebeln, Lauch und Knoblauch haben eine natürliche antibiotische Wirkung. Sie bringen Köche zum Weinen, aber schlagen auch unerwünschte Mikroorganismen in die Flucht. Auch bei hohen Cholesterinwerten erweisen sich die Schwefelverbindungen als nützlich. Sie halten das Blut flüssig und schützen vor Herzinfarkt.

Ballaststoffe kommen in allen Pflanzen vor. Sie bringen den Darm so richtig in Schwung, wirken dadurch entschlackend und sorgen für eine gesunde Darmflora. Bestimmte Ballaststoffe aus Hafer oder Äpfeln senken den Cholesterinspiegel, indem sie diese fettähnlichen Substanzen und andere unerwünschte Stoffwechselprodukte an sich binden und aus dem Körper transportieren.

Frisches Obst und Gemüse sind unschlagbar gesund.

Kartoffelcremesuppe mit Sauerkraut und Schinken

Milchsäurebakterien in Joghurt, Kefir, Buttermilch oder milchsauer vergorenen Lebensmitteln wie Sauerkraut regen das Immunsystem an und beeinflussen den Darm positiv. Sie schützen vor Infektionen und regen die körpereigenen Abwehrkräfte an.

FITMACHER DES MONATS

Joghurt enthält alle wesentlichen Bestandteile der Milch: hochwertiges und leicht verdauliches Eiweiß, nervenstärkendes Magnesium, den Knochenbaustein Kalzium in Kombination mit Vitamin D und Vitamin A für schöne Haut und einen scharfen Blick. Milchsäure sorgt für ein saures Milieu im Verdauungstrakt, vertreibt so unliebsame Bakterien aus dem Körper und unterstützt eine gesunde Darmflora.

Sauerkraut ist ein Schutzschild für das gesamte Immunsystem. Das milchsauer vergorene Kraut reinigt die Verdauungsorgane und fördert die Blutbildung. Die enthaltenen Milchsäurebakterien helfen, unerwünschte Stoffwechselprodukte wie Harnsäure auszuscheiden. Eine durch Krankheiten oder Infektionen beschädigte Darmflora wird wieder aufgebaut. Nicht zuletzt beugen Milchsäurebakterien Verdauungsproblemen vor.

ZWISCHENMAHLZEITEN

Zwei pro Tag zum Aussuchen:

➤ 50 g Frischkost-Sauerkraut auf 1 Sesamknäcke anrichten.

➤ 100 g Frischkost-Sauerkraut mit 100 g roten Trauben, Salz, Pfeffer und 1 TL Honig mischen.

➤ 150 g fettarmen Kefir, 1 TL Ahornsirup und 100 g klein geschnittene Birne mischen.

➤ Joghurt-Trauben-Shake: 50 g Weintrauben entkernen und klein schneiden. 150 g Magermilchjoghurt, 1 EL Weizenkeime und 1 TL Honig im Mixer verquirlen, Trauben dazugeben.

Freitag

ABENDS: KARTOFFELCREMESUPPE

➤ **Z u t a t e n :** *1 Lauchzwiebel, 300 g Kartoffeln, 250 ml Gemüsebrühe (Instant), Jodsalz, Pfeffer, 100 g Frischkost-Sauerkraut, 1 TL Sonnenblumenöl, 2 Scheiben Parmaschinken, frische Kräuter, 1 EL Magermilchjoghurt*

SO WIRD'S GEMACHT

Lauchzwiebel klein schneiden, Kartoffeln schälen und würfeln. Beides zugedeckt in der Brühe 10 Minuten köcheln lassen. Kartoffeln in der Brühe fein pürieren, mit Salz und Pfeffer abschmecken. Sauerkraut gut abtropfen lassen. Im heißen Öl braun braten. Schinken in Streifen schneiden. Kräuter hacken, mit Joghurt, Salz und Pfeffer verrühren. Kartoffelcreme mit Sauerkraut, Parmaschinken und Kräuterjoghurt anrichten.

Samstag

MORGENS: OBSTHAFERFLOCKEN

➤ **Z u t a t e n :** *1 Apfel, 1 Aprikose, 2 EL kernige Haferflocken, 150 g Magermilchjoghurt, 1 TL Honig, 1 Sesamknäcke, 1 kleine Scheibe gekochter Schinken*

SO WIRD'S GEMACHT

Apfel entkernen und grob raspeln. Aprikose fein würfeln. Beides mit den Haferflocken unter den Joghurt rühren. Mit Honig abschmecken. Knäcke mit Schinken belegen.

MITTAGS: LINSENGEMÜSE

➤ **Z u t a t e n :** *2 Möhren, 50 g rote Linsen, 150 ml Gemüsebrühe, Jodsalz, Pfeffer, Currypulver, 1 Zucchini, 4 Champignons, 100 g Magermilchjoghurt, frische Pfefferminze*

SO WIRD'S GEMACHT

Möhren schälen und in Scheiben schneiden. Mit den Linsen zugedeckt in der Brühe 8 Minuten köcheln lassen. Mit Salz, Pfeffer und Curry würzen. Zucchini würfeln, Pilze klein schneiden und zu den Linsen geben. Alles Weitere 5 Minuten zugedeckt garen. Joghurt, Salz und Pfeffer verrühren. Minze in feine Streifen schneiden und unterrühren.

ABENDS: KRABBENTOAST

➤ **Z u t a t e n :** *1 EL Weißweinessig, 1 EL Apfelsaft, Jodsalz, Pfeffer, 1 TL Olivenöl, 50 g Feldsalat, 1 Vollkorntoast, 2 EL Magermilchjoghurt, etwas frischer Dill, 50 g Nordseekrabbenfleisch*

SO WIRD'S GEMACHT

Essig, Apfelsaft, Salz, Pfeffer und Öl verrühren. Salat putzen. Toast rösten. Joghurt mit Salz, Pfeffer und fein geschnittenem Dill verrühren. Krabben unterrühren. Auf dem Toast anrichten. Dressing über den Salat träufeln und zum Toast reichen.

Sonntag

MORGENS: SCHINKEN-RADIESCHEN-SALAT

➤ **Z u t a t e n :** *1 rosé Grapefruit, 1 Vollkorntoast, 4 Radieschen, 50 g gekochter Schinken, 2 EL Magermilchjoghurt, Jodsalz, Pfeffer*

SO WIRD'S GEMACHT

Grapefruitfilets heraustrennen. Toast rösten. Radieschen und Schinken fein würfeln. Mit Grapefruitfilets, Joghurt, Salz und Pfeffer verrühren. Toast dazu essen.

MITTAGS: HÄHNCHENBRUST MIT WALNUSS-HONIG-KRUSTE

➤ **Zutaten:** *2 mittelgroße Kartoffeln, 1 kleiner säuerlicher Apfel, 200 g Frischkost-Sauerkraut, 50 ml Gemüsebrühe (Instant), 1 Hähnchenbrustfilet (125 g), Jodsalz, Pfeffer, 1 Walnuss, 1 TL Honig, Cayennepfeffer*

SO WIRD'S GEMACHT

Kartoffeln in der Schale kochen. Apfel entkernen, würfeln. Mit dem Sauerkraut in der Brühe 5 Minuten köcheln lassen, würzen. Hähnchenbrust abspülen, würzen und in eine Auflaufform legen. Im Ofen bei 175 Grad auf mittlerer Schiene 18 Minuten garen. Walnuss hacken, mit Honig und etwas Cayennepfeffer verrühren. Nach 10 Minuten Garzeit auf das Filet streichen, fertig garen. Sauerkraut abschmecken, mit Kartoffeln und Hähnchenfilet anrichten.

ABENDS: TRAUBEN-SAUERKRAUT-SALAT

➤ **Zutaten:** *50 g blaue Trauben, 150 g Frischkost-Sauerkraut, 1 TL Weizenkeimöl, Jodsalz, Pfeffer, 1 TL Honig, 1 Vollkorntoast, 1 EL kalorienreduzierter Frischkäse, 2 Scheiben Parmaschinken, 1 Salbeiblatt*

SO WIRD'S GEMACHT

Trauben entkernen und vierteln. Mit dem Sauerkraut, Keimöl, Salz, Pfeffer und Honig mischen. Toast rösten, abkühlen lassen. Mit Frischkäse bestreichen und mit Schinken und Salbei belegen. Diagonal durchschneiden und zusammenklappen. Zum Salat reichen.

Unsere vegetarische Frischkur gibt Ihnen Power! Vitamine und sekundäre Pflanzenstoffe können Sie nicht genug bekommen.

Gurken sind ausgezeichnete Feuchtigkeitsspender für die Haut.

Naturkosmetik pur

Eine Banane, etwas Honig und Quark mit einem Extralöffel Sahne – das alles cremig püriert und mit Vollkornweizenflocken angereichert ergibt nicht nur ein nahrhaftes, leckeres Frühstück, sondern auch eine wunderbar hautpflegende Maske. Unsere Körperhülle, die Haut, ist unser größtes Sinnesorgan. Sich in ihr wohl zu fühlen, ist elementar für unsere Gesundheit. Deshalb ist auch die richtige und ausreichende Ernährung der Haut – von innen und außen – das A und O der Schönheitspflege.

Die natürlichen Schönmacher sind heute, im Zuge bequemer Hightech-Kosmetika, etwas in Vergessenheit geraten. Dabei sind die Zutaten in jeder Küche vertreten: Eier, Milch, Quark, Sahne und Joghurt sowie Obst und Gemüse wie Äpfel, Bananen, Zitronen und Gurken. Wie beim Kochen gilt auch hier die Devise: Je frischer die Zutaten, desto besser!

CLEOPATRAS GEHEIMNIS: MILCH

Bereits in der Antike schworen legendäre Schönheiten wie Ägyptens Herrscherin Cleopatra oder die römische Kaiserin Popäa auf Milch. Sie ist reich an Kohlenhydraten, Eiweißen, Fetten, Vitaminen, Mineralstoffen sowie Spurenelementen und kann deshalb die Haut optimal versorgen: Kohlenhydrate tragen dazu bei, dass Feuchtigkeit in der Oberhaut gespeichert wird. Eiweiße schützen vor Austrocknung und fördern die Durchblutung. Fette machen sie geschmeidig. Und Milchsäure stabilisiert den Säureschutzmantel der Haut. Die Milchprodukte Quark und Joghurt wirken beruhigend und balancieren den Feuchtigkeitshaushalt aus. In Kombination mit anderen Zutaten kann Milch ihre Fähigkeiten noch besser entfalten: Honig optimiert die Feuchtigkeitsversorgung. Hamamelis hat eine straffende Wirkung. Weizen- und Maiskeimöl steuern Vitamin E bei und sind gute Rückfetter.

Fürs Essen wie für die Schönheitspflege gilt: Je frischer die Zutaten, desto besser.

BEAUTY-BAD MIT BUTTERMILCH

Für ein Vollbad drei Becher Buttermilch (1,5 Liter) in die Badewanne geben und zunächst nur lauwarmes Wasser zulaufen lassen, damit das Eiweiß nicht gerinnt. Dann die Wanne mit heißem Wasser auffüllen.

GURKEN, DIE GRÜNE GESICHTSPFLEGE

Frische Gurken sind dank ihres hohen Wasseranteils ausgezeichnete Feuchtigkeitsspender. Gurkenscheiben, die Sie zum Beispiel nach einem Sonnenbad einfach aufs Gesicht legen, kühlen und regulieren den Feuchtigkeitshaushalt der Haut. Schleimstoffe, Enzyme und Spurenelemente wie Schwefel wirken zusätzlich glättend und straffend. Sie können das grüne Gemüse auch zur Gesichtsreinigung einsetzten – sein Saft entfernt schonend Talg und Schmutz.

GURKENWASSER GEGEN FETTIGE HAUT

Klein geschnittenes Fruchtfleisch und Kerne einer Gurke in eine Flasche füllen und mit 90-prozentigem Alkohol übergießen. Auf einen Teil Gurkenfleisch kommen drei Teile Alkohol. Nach drei Wochen die Flüssigkeit durch ein Sieb gießen und das fertige Gesichtswasser in eine schöne Flasche füllen.

FRUCHTIGER ENERGIEKICK

Äpfel und Trauben durchfeuchten die Haut, erfrischen und glätten sie. Durch ihre Vitamine A und E begünstigen sie den Stoffwechsel und beleben den Teint.

APFELMASKE FÜR MÜDE HAUT

Einen geriebenen Apfel mit einem Esslöffel Sahne verrühren. Die Masse auftragen, 15 Minuten einwirken lassen und mit lauwarmem Wasser abwaschen.

FÜR DIE KOSMETISCHE AUFBAUARBEIT: EIER

Eigelb wirkt glättend und repariert die oberste Hautschicht, denn es enthält viel Lezithin und Cholesterin. Darum bietet es sich als nährende Zutat für Gesichtsmasken, Pflegepackungen oder Shampoos an. Außerdem hat es die Wirkung eines Emulgators, das heißt, es bringt Wasser und Öl zusammen. So sorgt beispielsweise die Zugabe eines Eigelbs dafür, dass ein Badeöl sich im Wasser löst.

Eiweiß ist maßgeblich am Kollagenaufbau der Haut beteiligt. Kollagen besteht vorwiegend aus Aminosäuren. Es sorgt dafür, dass unser Bindegewebe fest und gleichzeitig elastisch bleibt. Äußerlich aufgetragenes Eiweiß strafft das Bindegewebe der Haut zusätzlich.

EIPACKUNG FÜR GESCHMEIDIGES HAAR

Ein Ei verquirlen, gut im gewaschenen Haar verteilen und etwa eine halbe Stunde einwirken lassen. Mit lauwarmem Wasser gründlich ausspülen.

HAUTSCHMEICHLER: HONIG

Die wohltuende Wirkung des Bienennektars wird seit alters zur Schönheitspflege genutzt. Er ist reich an Enzymen und organischen Stoffen, dadurch wirkt er konservierend und antiseptisch. Sein hoher Zuckeranteil bindet Feuchtigkeit in der Haut und regt die Durchblutung an.

BERUHIGENDE HONIGMASKE FÜR IRRITIERTE HAUT

Einen Esslöffel flüssigen Honig mit ein paar Tropfen Zitronensaft verrühren. Gleichmäßig aufs Gesicht auftragen und etwa 20 Minuten lang möglichst im Liegen einwirken lassen. Anschließend mit viel Wasser abwaschen und das Gesicht mit einer fetthaltigen Creme eincremen.

November:
Yin-und-Yang-Wochenende

Harmonie steht im Mittelpunkt des chinesischen Denkens. In der Ernährung spielt die Freude am Essen und die sorgfältige Verarbeitung der Lebensmittel eine große Rolle. Wer zusätzlich die Gesetze von Yin und Yang sowie die Bedeutung der Fünf Elemente beachtet, stabilisiert Körper, Geist und Seele. Ausgleichende Atemübungen unterstützen diese Wirkung und machen uns „winterfest".

Essen mit den Fünf Elementen

Seit dreitausend Jahren orientieren sich die Menschen aus dem Reich der Mitte an einer Ernährungsphilosophie, die Teil der Traditionellen Chinesischen Medizin (TCM) ist. Ernährung dient nach der Vorstellung der Chinesen vor allem der Vorbeugung von Krankheiten. Und sie gehen davon aus, dass Klima und Wechsel der Jahreszeiten den Menschen stark beeinflussen. Wir im Westen kennen vier Jahreszeiten, bei den Chinesen kommt eine fünfte dazu: der Spätsommer. Jede wird durch ein bestimmtes Element symbolisiert: Der Frühling korrespondiert mit dem Holz, der Sommer mit Feuer, der Spätsommer mit Erde, der Herbst entspricht dem Element Metall und der Winter dem Wasser.

Den Elementen sind die Geschmacksrichtungen sauer, bitter, süß, scharf und salzig zugeteilt. Jedes Element hat zudem in unserem Körper die Aufgabe, ein ihm zugeordnetes Organ zu versorgen und im Gleichgewicht zu halten. Um unseren Organismus optimal zu ernähren, sollten möglichst alle fünf Geschmäcke ausgewogen in einer Mahlzeit vorkommen.

Alle Obst- und Gemüsesorten, Fleisch, Fisch, Kräuter und Gewürze, die bei uns angeboten werden, können den Elementen zugeordnet werden.

Die Lehre von Yin und Yang ist die zweite wesentliche Grundlage der Chinesischen Medizin. Yin steht für weiblich, Nacht, Kälte, Dunkelheit und Wasser. Das Prinzip Yang für männlich, Tag, Hitze, Licht und Feuer. Angestrebt wird ein Gleichgewicht zwischen beiden Kräften. Die Elemente-Ernährung garantiert eine kohlenhydratreiche Basisversorgung mit allen wichtigen Nährstoffen, bringt die Yin-und-Yang-Energien ins Gleichgewicht, Sie nehmen wie von selbst ab, fühlen sich innerlich gereinigt, entschlackt und viel belastbarer.

FITMACHER DES MONATS

Rosenkohl steckt voller gesunder sekundärer Pflanzenstoffe, so genannter Flavonoide. Diese Biostoffe wirken vorbeugend gegen Krebserkrankungen und Arteriosklerose. Mineralstoffe wie Kalium oder Magnesium stärken die körpereigenen Abwehrkräfte und wirken gegen Hektik und Stress.

Lammfleisch enthält hochwertiges, leicht verdauliches Eiweiß, reichlich Eisen (für den Sauerstofftransport im Blut) und B-Vitamine. Vitamin B12 spielt hier eine besondere Rolle, da es an vielen wichtigen Stoffwechselprozessen beteiligt und in pflanzlichen Lebensmitteln nicht vorhanden ist.

Der Yin-Typ fröstelt leicht; daher braucht er von außen und innen Wärme.

ZWISCHENMAHLZEITEN

Zwei pro Tag zum Aussuchen:

Für den Yin-Typ:

➤ Kokos-Grießbrei mit Apfel und Zimt.

➤ Kleiner Feldsalat mit Tomaten-Ingwer-Orangen-Vinaigrette und Knäcke.

➤ Zimt-Milchreis mit Kiwi.

➤ Milchkaffee mit einer Prise Zimt, Kokos-Biskuits.

Für den Yang-Typ:

➤ Kokos-Milchreis mit Apfel.

➤ Kleiner Feldsalat mit Tomaten-Orangen-Vinaigrette und Knäcke.

➤ Milchreis mit Kiwi.

➤ Milchkaffee mit Kokos-Biskuits.

Der Yin-Typ

➤ friert leicht, ist oft müde und schlapp, sein Puls schlägt langsam

➤ ist eher ruhig, zurückhaltend und gern allein

➤ spricht leise

➤ trinkt wenig und lieber warme als kalte Getränke

➤ hat wenig Appetit

➤ hat eine blasse, feuchte Zunge

➤ Ernährungstipps für den Yin-Typ: Kombinieren Sie neutrale, erwärmende und erhitzende Speisen. Essen Sie alles möglichst lauwarm. Zum Frühstück einen Brei statt Brötchen oder Müsli bevorzugen. Ernähren Sie sich nicht nur vegetarisch, denn Fleisch wirkt erwärmend.

Der Yang-Typ

➤ schwitzt leicht, hat warme Hände und Füße

➤ bewegt sich gern, sein Puls schlägt schnell und kräftig

➤ ist gern unter Menschen und sehr extrovertiert

➤ hat eine kräftige und laute Stimme

➤ trinkt viel, am liebsten kalte Getränke

➤ isst mit Appetit und regelmäßig

➤ die Zunge ist rot und trocken

➤ Ernährungstipps für den Yang-Typ: Essen Sie viele neutrale, kühle und erfrischende Nahrungsmittel. Verzichten Sie auf Kaffee und Alkohol zugunsten von schwarzem Tee. Essen Sie reichlich Blattsalate und Rohkost. Eine, höchstens zwei Portionen Fleisch pro Woche sind genug.

Lammkoteletts mit Rosenkohl

Freitag

ABENDS: ROSENKOHL-PFIFFER-LING-PFANNE ZU LACHSSTEAK

➤ **Zutaten:** *250 g Rosenkohl, Jodsalz, 75 g Pfifferlinge, 1 TL Sonnenblumenöl, 100 g Lachsfilet, Pfeffer, Muskatnuss*

SO WIRD'S GEMACHT

Rosenkohl putzen. In wenig Salzwasser 10 Minuten garen. Pilze putzen. Öl in einer Pfanne erhitzen, Fisch darin je Seite etwa 2 Minuten braten, würzen, herausnehmen und warm stellen. Rosenkohl abgießen. Pfifferlinge und Kohl im Bratfett 4 Minuten braten, würzen. Gemüse und Fisch anrichten.

Für den Yang-Typ: *Statt Lachs Schellfischfilet verwenden, auf Muskat verzichten.*

MORGENS: LACHSTOAST

➤ **Zutaten:** *25 g Räucherlachs, 2 EL kalorienreduzierter Frischkäse, etwas frischer Dill, Jodsalz, Pfeffer, 1 Vollkorntoast, 1 kleiner Apfel, 1 Kiwi, 1 Orange*

SO WIRD'S GEMACHT

Lachs in feine Streifen schneiden, mit Käse, fein geschnittenem Dill, Salz und Pfeffer verrühren. Toast rösten. Lachskäse darauf streichen. Früchte klein schneiden und mischen.

Für den Yin-Typ: *Statt Kiwi und Orange 1 Birne und 1 TL Honig verwenden.*
Für den Yang-Typ: *Räucherlachs weglassen, dafür 1 EL Frischkäse mehr.*

MITTAGS: LAMMEINTOPF

➤ **Zutaten:** *125 g Lammfilet, 1 TL Sonnenblumenöl, Jodsalz, Pfeffer, 1 kleine Gemüsezwiebel, 2 Tomaten, 3 getrocknete Pflaumen ohne Stein, gemahlener Zimt, 1 Vollkorn-Baguettebrötchen*

SO WIRD'S GEMACHT

Filet würfeln. Im heißen Öl anbraten, würzen und herausnehmen. Zwiebel schälen und in Ringe schneiden. Tomaten und Pflaumen würfeln. Zwiebel im Bratfett glasig dünsten. Tomaten und Pflaumen zugeben. Mit Salz, Pfeffer und Zimt würzen. Zugedeckt 10 Minuten schmoren. Lammfilet zugeben und alles nochmals 2 Minuten schmoren lassen. Brötchen dazu essen.

Für den Yin-Typ: *Statt Tomaten Möhren verwenden.*
Für den Yang-Typ: *Zimt weglassen, statt Lammfilet Putenbrust verwenden.*

ABENDS: ROSENKOHLCREMESUPPE

➤ **Zutaten:** *1 TL Haselnussblättchen, 250 g Rosenkohl, 150 g Kartoffeln, 1 TL Sonnenblumenöl, Jodsalz, Pfeffer, Muskatnuss, 250 ml Gemüsebrühe (Instant), 1 EL saure Sahne, 2 Scheiben Lachsschinken ohne Fettrand*

SO WIRD'S GEMACHT

Nüsse in einem Topf ohne Fett anrösten, bis sie duften. Rosenkohl putzen. Kartoffeln schälen, grob würfeln. Öl erhitzen. Rosenkohl und Kartoffeln darin andünsten. Würzen und mit Brühe ablöschen. Zugedeckt 20 Minuten köcheln lassen. Rosenkohl und Kartoffeln in der Brühe fein pürieren. Sahne unterrühren. Suppe nochmals abschmecken. Schinken in Steifen schneiden, mit den Haselnussblättchen über die Suppe streuen.

Für den Yang-Typ: *Muskat weglassen, statt Lachsschinken Putenbrustaufschnitt verwenden.*

Sonntag

MORGENS: EIERSALAT MIT TOAST

➤ **Zutaten:** *1 Ei (Größe S), 1 EL saure Sahne, Jodsalz, Pfeffer, 1/2 Bund Schnittlauch, 1 Vollkorntoast, 1 kleiner Apfel, 125 g Magermilchjoghurt mit Vanillegeschmack, 1 TL Haselnussblättchen*

SO WIRD'S GEMACHT

Ei hart kochen, schälen und hacken. Mit saurer Sahne verrühren. Mit Salz und Pfeffer würzen. Schnittlauch fein schneiden, unterrühren. Toast rösten, Eiersalat darauf anrichten. Apfel würfeln, mit Joghurt mischen, Nüsse darüber streuen.

Für den Yin-Typ: *Apfel-Joghurt mit Zimt würzen.*

MITTAGS: LAMMKOTELETTS MIT ROSENKOHL

➤ **Zutaten:** *200 g Rosenkohl, Jodsalz, 2 Lammkoteletts (insgesamt 150 g), Pfeffer, 50 g Bandnudeln, 1 TL Butter, 1 TL Haselnussblättchen*

SO WIRD'S GEMACHT

Rosenkohl putzen, in wenig Salzwasser 15 Minuten garen. Koteletts in einer beschichteten Pfanne 6 Minuten braten, würzen. Nudeln in Salzwasser garen. Butter in einer Pfanne erhitzen. Nüsse darin bräunen. Rosenkohl und Nudeln abgießen, mit der Nussbutter mischen. Mit Lammkoteletts anrichten.

Für den Yin-Typ: *Rosenkohl mit Muskat würzen.*
Für den Yang-Typ: *Statt Lamm: Hähnchenbrust.*

ABENDS: PUTEN-SESAM-BURGER

➤ **Zutaten:** *100 g Putenbrust, Jodsalz, Pfeffer, 1 Sesambrötchen, 2 EL saure Sahne, mildes Currypulver, 50 g Feldsalat, 1 Orange, 1 TL Olivenöl*

SO WIRD'S GEMACHT

Putenbrust in einer beschichteten Pfanne braten, würzen. Saure Sahne mit Salz, Pfeffer und Curry abschmecken. Brötchen damit bestreichen, Putenbrust darauf legen, zusammenklappen. Salat putzen, abspülen. Orange halbieren, eine Hälfte auspressen. Saft mit Salz, Pfeffer und Öl verrühren. Die andere Hälfte dick schälen und in Scheiben schneiden. Mit dem Salat anrichten. Dressing darüber träufeln und zum Burger essen.

Für den Yin-Typ: *Statt Putenbrust: Lammfilet.*
Für den Yang-Typ: *Statt Orange 1 kleiner Apfel, auf Curry verzichten.*

Die Harmonie des Atems

Der Herbst ist eine Zeit des Sammelns und Ausgleichens. Tag und Nacht haben nun eine ähnliche Länge. Wir gehen früher schlafen. Dadurch konzentriert sich unser Geist, und das Yang des Sommers beruhigt sich. Trockenheit und Kühle des Herbstwetters entsprechen klimatisch dem Metallelement. Deshalb tun wir uns gerade jetzt etwas Gutes, wenn wir unsere Lungenkraft und damit unser Immunsystem für den Winter stärken. Denn gemäß der Traditionellen Chinesischen Medizin dringen äußere, witterungsbedingte Einflüsse über die Haut in unseren Körper ein und gelangen – wenn unsere Abwehr zu schwach ist – ins Innere. Dort können sie Organe, Meridiane und das Gewebe angreifen. Ein harmonischer Atemfluss schützt den Organismus. Er bildet die Basis für einen ausgewogenen Energiehaushalt im Einklang mit dem Metallelement.

Atemgymnastik puscht die Sauerstoffzufuhr des Organismus, die Muskeln werden besser durchblutet, der Stoffwechsel wird angeregt. Der Atemfluss stabilisiert das physische und psychische Gleichgewicht, wirkt positiv auf die Entschlackung und macht uns rundum fit für die dunkle Jahreszeit.

MACHT DER KÄLTE DAMPF: DER FEUERATEM

Kalte Füße oder leichtes Frösteln? Damit ist jetzt Schluss! Atmen Sie sich warm! Stellen Sie sich am besten vor ein geöffnetes Fenster oder – falls Ihnen das zu kalt ist – in einen gut gelüfteten Raum. Die Füße stehen hüftbreit auseinander. Jetzt denken Sie an einen Blasebalg: Breiten Sie nun die Arme seitlich leicht gestreckt aus, und atmen Sie dabei ganz tief durch die Nase ein. Fühlen Sie, wie sich Ihr Bauch nach außen wölbt? Formen Sie Ihren Mund zu einem O. Führen Sie mit dem Ausatmen die Arme wie einen lockeren Flügelschlag nach vorn. Sie treffen vor dem leicht eingezogenen Bauch zusammen, ohne sich zu berühren. Bei dieser Bewegung federn Sie unwillkürlich in den Knien nach. Jetzt führen Sie die Arme wieder einatmend nach außen und immer so fort.

Sie werden merken, dass Sie mit der Zeit immer schneller werden und sich in die Atembewegung hineinsteigern. Dabei wird die Durchblutung stark angeregt. Und Ihnen wird ganz schön warm. Wenn Sie die Übung beenden möchten, drosseln Sie erst Ihr Tempo, bevor Sie ganz aufhören. Bleiben Sie dann noch einen Moment lang stehen, bis sich der Atemrhythmus normalisiert hat. Wenn Sie mögen, können Sie dabei beide Hände auf Ihren Bauch legen.

Diese Übung ist auch hervorragend für Morgenmuffel geeignet, um nach dem Aufstehen in Schwung zu kommen. Während des Entschlackungswochenendes können Sie damit Ihren gesamten Organismus morgens auf Trab bringen und den Stoffwechsel so richtig anheizen.

PFUNDE LOSLASSEN UND „WEGATMEN"

Der Herbst ist auch die Jahreszeit des Loslassens: Wir müssen uns von Wärme, Sonnenlicht und der grünen Natur vorübergehend verabschieden. Bei den Chinesen steht diese Jahreszeit in Einklang mit den Organen Lunge und Dickdarm. Durch eine meditative Atemübung können Sie gezielt beide Organe ansprechen und den Verlust von ein paar überschüssigen Pfunden während des Entschlackungswochenendes gedanklich unterstützen. Gleichzeitig lässt sich so auch ein Neubeginn einläuten; denn Atmen hat grundsätzlich etwas mit Abgeben und Nehmen zu tun: Mit jedem Ausatmen lassen wir los, trennen uns von etwas Altem, und mit jedem Einatmen ziehen wir etwas ein, nehmen etwas Neues, Frisches auf. Denn eines ist klar: Nur wer bereit ist, sich zu verabschieden, kann mit etwas Neuem beginnen. Und so üben Sie das Abschiednehmen und Loslassen: Suchen Sie sich ein gemütliches Plätzchen zum Hinsetzen oder

-legen. Atmen Sie tief ein und aus. Legen Sie dabei die Hände auf Ihren Bauch, um zu spüren, wie dieser mit jedem Einatmen weit wird und sich wölbt. Und sich bei jedem Ausatmen nach innen senkt. Fühlen Sie dabei, wie alle Hektik und Anspannung von Ihnen abfällt. Ihr Körper entspannt sich, wird ruhiger. Stellen Sie sich vor, dass wir alle getragen werden in einem großen Netz der Ewigkeit. Was Sie auch loslassen – es bleibt in diesem Netz. Und wann immer Sie es brauchen sollten, steht es Ihnen zur Verfügung. Wecken Sie Ihr Urvertrauen. Es weiß, dass alles, was Sie benötigen, immer vorhanden sein wird. So können Sie entspannt loslassen und Platz für Neues schaffen.

ABSCHIED NEHMEN

Gibt es etwas in Ihrem Leben, das Sie schon lange verabschieden wollten? Das können Gedanken sein, Gegenstände, Gewohnheiten, überflüssige Pfunde, Menschen oder ein Lebensabschnitt. Stellen Sie sich nun vor, dass Sie am Ufer eines friedlich dahinfließenden Stromes stehen. Dort ist ein Holzboot festgemacht. Alles, was Sie loslassen möchten, legen Sie nun in dieses Boot. Dabei empfinden Sie Dankbarkeit, dass all dies Sie eine Weile Ihres Lebens begleitet hat. Nun ist es Zeit, sich davon zu trennen. In Ihrer Vorstellung lösen Sie die Leine, wünschen dem Boot und seinem Inhalt das Beste und überlassen beide der Strömung. Vom Ufer aus beobachten Sie, wie das Boot sich immer weiter entfernt und schließlich am Horizont verschwindet. Alles, was Sie losgelassen haben, wird seinen eigenen, guten Weg finden. Sie atmen beruhigt tief durch. Mit jedem Ausatmen lassen Sie das Vergangene los. Mit jedem Einatmen saugen Sie ein Stück Zukunft ein. Sie fühlen sich zuversichtlich und befreit. Erleichtert mit einem angenehmen Gefühl im Herzen kehren Sie ins Jetzt zurück. Reiben Sie Ihre Handinnenflächen schnell und kräftig aneinander, bis sie warm sind. Streichen Sie diese dann über Ihr Gesicht, bis Sie wieder hellwach sind.

Atemübungen harmonisieren Körper, Geist und Seele und wirken positiv auf die Entschlackung.

WINTERRUHE

Draußen weht ein eisiger Wind, am Nachmittag ist es bereits stockdunkel. Genau die **richtige Zeit** zum Genießen: **bei Kerzenschein,** in eine Decke gekuschelt, dazu heißer Tee und entspannende Musik. **Luxus pur** ist ein Wochenende ganz für sich allein. Ausgesuchte **Schlemmereien** und sanfte Massagen sorgen für **wohlige Entspannung.**

Dezember:
Wochenende für Schlemmer

In der Advents- und Weihnachtszeit möchten wir verwöhnen und verwöhnt werden – ohne zuzunehmen. An diesem Schlemmerwochenende ist alles erlaubt: aphrodisische Köstlichkeiten, die entschlacken, entspannen und die Fantasie beflügeln. Dazu gibt es einfache, stimulierende Übungen für Sexappeal und Sinnlichkeit, die Sie (und Ihren Partner) zum Strahlen bringen.

Kulinarische Genüsse für alle Sinne

Gerade in der Vorweihnachtszeit sehnen wir uns nach Entspannung und möchten uns und unseren Liebsten verwöhnen und verführen. Es gibt eine ganze Reihe von Lebensmitteln, die eine aphrodisische Wirkung haben und gleichzeitig Gute-Laune-Stoffe enthalten. Diese Substanzen haben eine besondere Wirkung auf unsere Stimmung: Sie entspannen die Gefäße, entschlacken auf sanfte Art und Weise, regen Stoffwechsel und Kreislauf an, sie fördern das Wohlbefinden, heben die Stimmung, beflügeln den Geist und beschwingen die Seele.
Granatäpfel enthalten zum Beispiel Östron. Östrone haben einen harmonisierenden Einfluss auf den Hormonhaushalt und sorgen so für Ausgeglichenheit. In der Muskatnuss steckt ein Stoff namens Myristicin, der euphorisierend wirken soll. Beim Safran genügt bereits der Kontakt mit den Geschmackspapillen auf der Zunge, um ein Gefühl des Wohlbehagens zu erzeugen. Im Orient galt das wertvolle Gewürz wegen seines stimmungshebenden Effekts als Aphrodisiakum. In Paprika und Chilis heißt die Stimmungskanone Capsaicin. Und die Kakaobohne enthält winzige Mengen Anandamid, eine Substanz, die mit dem Marihuana-Wirkstoff verwandt ist.

FOOD UND MOOD

Essen und Stimmungen sind nicht voneinander zu trennen. Schon ein Baby macht seinem Unmut lauthals Luft, wenn es Hunger hat. Sobald es satt ist, schaut es wieder zufrieden und glücklich in die Welt. Bei den Erwachsenen ist das im Prinzip nicht anders. Verantwortlich für gute Stimmung ist das Serotonin, ein Neurotransmitter (Botenstoff), der Körper und Geist beruhigt. Um diesen Glücksstoff herzustellen, brauchen wir Kohlenhydrate aus Nudeln, Kartoffeln, Reis oder Vollkornbrot. Dazu die Aminosäure Tryptophan aus eiweißhaltigen Lebensmitteln wie Lachs, Joghurt oder Kefir.
B-Vitamine, vor allem Vitamin B6, sind an der Produktion von Serotonin beteiligt. Mineralstoffe wie Kalzium, Eisen und Zink sorgen ebenfalls dafür, dass die Nerven gestärkt werden. Zink, reichlich enthalten in Hummer, Garnelen, Kürbiskernen oder Sesam, regt den Stoffwechsel an und wirkt außerdem luststeigernd. Verfeinern Sie Ihre Gerichte und Snacks außerdem mit duftenden Kräutern. Sie alle enthalten ätherische Öle, die aphrodisierend wirken. Zum Beispiel Apiol aus der Petersilie oder Linalol im Koriander.
Mit den Gerichten an diesem Wochenende können Sie Ihre Stimmungen beeinflussen, den Stoffwechsel aktivieren, entschlacken und gleichzeitig Ihr Wohlbefinden steigern.

Gourmetsalat

FITMACHER DES MONATS

Granatapfel: Die tiefroten saftigen Kerne dieses Fruchtbarkeits-symbols enthalten reichlich Kalium für einen ausgeglichenen Wasserhaushalt, Eisen für ausreichenden Sauerstofftransport im Blut, Kupfer für die Bildung der roten Blutkörperchen. Niacin ist Bestandteil vieler Enzyme und deshalb unentbehrlich für einen funktionstüchtigen Stoffwechsel und eine gute Energiebereit-stellung für den Körper. Kalzium sorgt für starke Knochen.

Lachs ist ein Rundumschutz für Herz und Arterien. Gegen Migräne wirken Omega-3-Fettsäuren, indem sie die Blutgefäße entspannen und die Durchblutung im Gehirn verbessern. Außerdem sorgen die Fischöle dafür, dass Cholesterinspiegel und Blutdruck sinken. Und die Fettsäuren vertreiben über Botenstoffe schlechte Laune und depressive Stimmungen.

ZWISCHENMAHLZEITEN

Zwei pro Tag zum Aussuchen:

➤ 1 kleine Banane und 1 TL Honig in einer beschichteten Pfanne braten. Von 1/2 Granatapfel die Kerne auslösen, mit Zimt über die Banane streuen und servieren.

➤ Teepunsch: 200 ml frisch gepressten Orangensaft, 4 EL Holunderbeersaft (Reformhaus), etwas Zimt und 2 Gewürz-nelken kurz erhitzen. Dazu 4 Amarettini-Kekse.

➤ Fruchtsalat aus 1 kleinen Banane, 1 Kiwi, 1 kleinen Granat-apfel, 1 TL Honig und einigen Minzeblättchen.

➤ Bratapfel: 1 Walnuss hacken, mit 1 TL Honig und 1 Prise Zimt mischen. 1 kleinen säuerlichen Apfel entkernen, Nussfüllung hineingeben. In Folie wickeln und im heißen Backofen auf mitt-lerer Schiene etwa 20 Minuten backen.

➤ 1 Banane.

Zelebrieren Sie das Schlemmerwochenende wie ein Fest! Denn Entschlacken und Genießen – das ist kein Widerspruch.

Freitag

ABENDS: GOURMETSALAT

➤ **Zutaten:** *1 Ei (Größe S), 1 EL Weißweinessig, 1 EL Apfelsaft, 1 TL Dijon-Senf, Jodsalz, Pfeffer, 1 TL Olivenöl, 1/2 rote Paprika, 1 Tomate, 3 Champignons, 50 g Feldsalat, 1 Scheibe (20 g) Räucherlachs, 1 Vollkornbrot*

SO WIRD'S GEMACHT

Ei hart kochen. Essig, Apfelsaft, Senf, Salz, Pfeffer und Öl verrühren. Paprika, Tomate und Pilze klein schneiden. Salat verlesen, abspülen und gut abtropfen lassen. Lachs in Streifen schneiden. Vorbereitete Zutaten auf einem großen Teller anrichten. Ei abschrecken, schälen und achteln. Auf dem Salat anrichten. Dressing darüber träufeln. Dazu: Brot.

Samstag

MORGENS: RADIESCHENQUARK

➤ **Zutaten:** *4 Radieschen, 3 EL Magerquark, 1 EL Mineralwasser, Jodsalz, Pfeffer, 1 Vollkornbrötchen, 1 Granatapfel, 2 EL Cornflakes, 100 ml Magermilch*

SO WIRD'S GEMACHT

Radieschen würfeln, mit Quark, Mineralwasser, Salz und Pfeffer glatt rühren. Brötchen aufschneiden und mit dem Quark bestreichen. Die Granatapfelkerne auslösen. Mit Cornflakes und Milch anrichten.

MITTAGS: GEMÜSEOMELETTE

➤ **Zutaten:** *2 Kartoffeln, 1 kleine Dose Artischockenherzen, 1 kleine rote Paprika, 4 Champignons, 1 Ei (Größe M), 4 EL Magermilch, Jodsalz, Pfeffer*

SO WIRD'S GEMACHT

Kartoffeln in der Schale garen, abschrecken und schälen. Dann in Scheiben schneiden. Artischocken abtropfen lassen. Paprika und Pilze klein schneiden. Vorbereitete Zutaten in einer beschichteten Pfanne kurz andünsten. Ei, Milch, Salz, Pfeffer verquirlen und darüber gießen. Bei schwacher Hitze stocken lassen.

ABENDS: BANDNUDELN MIT RÄUCHERLACHS

➤ **Zutaten:** *50 g Bandnudeln, Jodsalz, 1 kleine Dose Artischockenherzen, 30 g Rauke, 1 Tomate, 2 EL Weißweinessig, Pfeffer, 1 TL Dijon-Senf, 1 TL Olivenöl, einige frische Kräuter, 1 Scheibe (20 g) Räucherlachs*

SO WIRD'S GEMACHT

Nudeln in Salzwasser garen. Artischocken abtropfen lassen, klein schneiden. Rauke klein zupfen, Tomate würfeln. Essig, Salz, Pfeffer, Senf und Öl verrühren. Kräuter hacken und unterrühren. Nudeln abgießen, gut abtropfen lassen und mit der Vinaigrette mischen. Vorbereitete Zutaten untermischen, nochmals würzen und kurz durchziehen lassen. Salat mit Salz und Pfeffer abschmecken. Lachs in Streifen schneiden und darauf anrichten.

Sonntag
MORGENS: DILL-KÄSE-TOAST

➤ **Zutaten:** *2 Saftorangen, 1 Vollkorntoast, etwas frischer Dill, 1 EL kalorienreduzierter Frischkäse, Jodsalz, Pfeffer, 1 Scheibe (20 g) Räucherlachs, 1 kleiner Granatapfel, 100 g Magermilchjoghurt mit Vanillegeschmack*

SO WIRD'S GEMACHT

Orangen auspressen. Toast rösten. Dill hacken und mit dem Käse, Salz und Pfeffer verrühren, auf das Toast streichen. Lachs darauf anrichten. Granatapfelkerne auslösen und mit dem Joghurt anrichten.

MITTAGS: GEGRILLTES LACHSSTEAK

➤ **Zutaten:** *2 mittelgroße Kartoffeln, 1 EL Weißweinessig, 1 EL Apfelsaft, Jodsalz, Pfeffer, 1 TL Olivenöl, frische Kräuter, 1 TL Butter, 120 g Lachssteak, 50 g Feldsalat*

SO WIRD'S GEMACHT

Kartoffeln in der Schale kochen. Essig, Apfelsaft, Salz, Pfeffer und Öl verrühren. Kräuter hacken und mit der Butter verkneten. Fisch abspülen, trockentupfen und würzen. Auf dem heißen Grill oder in einer beschichteten Pfanne knusprig braten. Salat putzen, Dressing darüber träufeln. Mit Lachs, Kartoffeln und Kräuterbutter anrichten.

ABENDS: MARINIERTES HUMMERFLEISCH

➤ **Zutaten:** *30 g feine Glasnudeln, 1 kleines Stück frischer Ingwer, 3 EL Limettensaft , Jodsalz, Sambal Oelek, 200 g ausgelöstes vorgegartes Hummerfleisch, 1/2 Salatgurke, 1 kleiner Granatapfel*

SO WIRD'S GEMACHT

Nudeln gar kochen. Ingwer fein hacken. Mit Limettensaft, Salz und 1 Msp. Sambal verrühren. Hummerfleisch klein schneiden und mit 1 EL der Mischung marinieren. Gurke in feine Scheiben hobeln. Granatapfelkerne herauslösen. Mit Gurke, der übrigen Marinade und den abgetropften Nudeln mischen. Hummerfleisch dazu essen.

Aktivieren Sie Ihre Sinne!

Hektik im Alltag, Stress im Job, Ärger in der Familie – plötzlich fühlen Sie sich leer, lustlos und frustriert. Höchste Zeit, etwas für sich zu tun! Nehmen Sie auf Ihre eigenen Bedürfnisse mehr Rücksicht. Lernen Sie, sich selbst zu akzeptieren und zu lieben. Wenn Sie ein positives Selbstbild haben und mit sich selbst im Reinen sind, kehrt Ihre Lebensfreude zurück. Sie gewinnen an Ausstrahlung und Sexappeal. Ein kleines Sinnlichkeitstraining ist dafür ideal. Je bewusster Sie Ihre Umwelt wahrnehmen, desto intensiver erfahren Sie sich selbst, und umso positiver wirken Sie auf andere. Ihr Entschlackungswochenende können Sie mit diesen kleinen Übungen prima ergänzen; Sie werden Pfunde verlieren und Charisma gewinnen.

ERSTER SCHRITT:
LIEBEVOLLE BESTANDSAUFNAHME

Mit dieser Übung läuten Sie am besten Freitagabend Ihr Entschlackungs-Weekend ein. Machen Sie zum Auftakt des Schlemmerwochenendes mal eine wohltuende, freundliche Bestandsaufnahme in eigener Sache. Denn: Unsere Schwächen haben wir ständig im Blick. Keine Falte, kein Speckröllchen entgeht unserem kritischen Auge. Drehen Sie den Spieß doch zur Abwechslung mal um: Stellen Sie sich vor den Spiegel, und erkennen Sie Ihre Stärken. Dazu betrachten Sie sich einmal ganz unvoreingenommen und machen sich die schönen Seiten Ihres Gesichts und Ihres Körpers bewusst. Es ist keine Schande, wenn Sie erkennen, dass Sie schöne strahlende Augen, glänzende Haare und ein schönes Dekolleté haben. Machen Sie sich auch ruhig mal ein Kompliment. Sagen Sie sich laut: „Meine Haut hat einen warmen Schimmer, und meine Beine sind wohlgeformt!" Diese positive Affirmation stärkt Ihr Selbstvertrauen. Auch wenn Sie sich dabei vielleicht albern vorkommen: Ihr Unterbewusstsein glaubt Ihnen.

ZWEITER SCHRITT: UNSICHER-
HEITEN ÜBER BORD WERFEN

Es wird immer Menschen geben, die glänzendere Haare oder eine schlankere Taille haben, die gebildeter oder sonst was sind als Sie. Das interessiert Sie aber ab diesem Samstag nicht mehr. Sie sagen sich einfach immer, wenn Sie an diesem Wochenende Unsicherheit beschleicht: „Ich bin ich, und das ist gut so!" Ihre Gedanken müssen auch nicht ständig um Ihre Wirkung auf andere kreisen. Die anderen finden sich selbst meist viel interessanter und nehmen Pickel oder Patzer an Ihnen weniger wahr, als Sie selbst vielleicht glauben.

DRITTER SCHRITT:
DIE SINNE MOBILISIEREN

Nur wer seine fünf Sinne wirklich beieinander hat, kann auch sinnlich „rüberkommen" und auf andere wirken. Diese fünf Übungen wecken längst verschollen geglaubte, sinnliche Geister in Ihnen. Zwingen Sie sich dabei zu nichts. Hier kommt es nicht auf die Quantität, sondern auf die Qualität an. Nehmen Sie sich deshalb für jede Übung genügend Zeit.

SEHEN

Blicken Sie in eine Kerze, und schicken Sie Ihre Augen auf den warmen Strahlen auf die Reise: Erblicken Sie ferne Länder, tropische Pflanzen, vielleicht erleben Sie eine Begebenheit aus Ihrem letzten Urlaub nach. Fühlen Sie, wie Sie sich entspannen und Ihre Fantasie immer weitere Ausflüge in immer schillerndere Farben macht.

FÜHLEN

Sammeln Sie im Herbst eine Hand voll Kastanien. Die kleinen, braunen Kugeln werden Ihnen auch den Rest des Jahres gute Dienste leisten: Legen Sie sich eine Wolldecke auf den Fußboden, und verteilen Sie die Kastanien (ein paar Steine gehen natürlich auch) darauf. Dann machen Sie es sich in Rückenlage auf den Kastanien bequem. Achten Sie dabei auf Ihren Rücken. Wie fühlt er sich an? Spüren Sie eine Veränderung?

SCHNUPPERN

Düfte beeinflussen unsere Gefühle wie kein anderer Sinneseindruck, weil sie sich in unserem Gedächtnis verankern. Ein Dufttraining entspannt die Seele. Kaufen Sie sich eine Lilie, und streicheln Sie mit den Händen sacht über die zarten, samtenen Blütenblätter. Während Sie nun bewusst einatmen, lassen Sie die Bilder, die entstehen, wie zum Beispiel eine Erinnerung an eine schöne Reise, in sich aufsteigen. Versuchen Sie, den Duft zu benennen. Ist er eher süßlich? Riecht er nach Vanille?

SCHMECKEN

Dass Banane und Schokolade Seelenfutter sind, wissen Sie. Auch, dass Küssen seinen Ursprung im Füttern hat. Bewusstes Schmecken tut also in jedem Fall etwas für die Sinnlichkeit und kann sogar erotisch sensibilisieren. Nehmen Sie sich eine halbe Mandel, und schnuppern Sie daran. Legen Sie diese dann in den Mund und zerbeißen sie ganz, ganz langsam in Zeitlupentempo. Können Sie Ihre Zähne spüren? Wie ist die schwache Würze des Geschmacks? Schlucken Sie den Mandelbrei langsam herunter. Wie läuft er die Kehle hinab?

LAUSCHEN

Klänge und Rhythmen lösen Spannungen im Körper und lassen die Seele klingen. Ebenso bringen Singen und Summen den Body in Schwingung, sensibilisieren die Nerven. Setzen Sie sich mit gekreuzten Beinen hin. Atmen Sie tief ein – und langsam, intensiv aus. Stimmen Sie nun beim Ausatmen ein „Ah" an. Lassen Sie Ihre Stimme so schwingen, wie Sie sich fühlen: laut, leise, hoch oder tief. Merken Sie, wie der Ton Sie befreit?

Belohnen Sie sich am Ende einer langen Woche mit einem Blumenstrauß – er ist ein Fest für Ihre Sinne.

Januar:
Das Ayurveda-Wochenende

Oft merken wir in unserer hektischen Welt gar nicht, dass wir seelisch oder körperlich nicht mehr „ganz wir selbst sind". Ayurvedische Gerichte, die genau zu Ihrem Typ passen, harmonisieren Ihre Seele und bringen auch Ihr Körpergewicht ins Lot. Zusätzlich können Sie sich mit entspannenden indischen Ölmassagen verwöhnen. Anschließend fühlen Sie sich wie neugeboren.

Typgerecht entschlacken

Beim Ayurveda, einer uralten indischen Heilslehre, geht es darum, die Selbstheilungskräfte des Körpers anzuregen. Ayurveda-Ärzte gehen davon aus, dass jeder Mensch drei Energieströme hat, die alle geistigen, körperlichen und seelischen Vorgänge steuern. Diese so genannten Doshas – Vata, Pitta und Kapha – sind bei jedem Menschen unterschiedlich stark ausgeprägt. Bei der Geburt sind sie noch optimal verteilt. Veränderungen im Laufe des Lebens können zu Disharmonien dieser drei Doshas und damit zu Krankheiten führen. Im Mittelpunkt der Ayurveda-Diät steht Dosha-gerechtes Essen. Wenn Ihre drei Energieströme wieder im Einklang sind, fühlen Sie sich wohl, entschlackt und wie neugeboren.

Die besten Mittel, die drei Doshas im Gleichgewicht zu halten, sind Abwechslung und Vielseitigkeit. Jede Mahlzeit sollte darum alle sechs Geschmacksrichtungen enthalten: bitter, herb, salzig, süß, scharf und sauer. Wichtig ist auch, die Mahlzeiten in Ruhe einzunehmen. Dann wirken die Gerichte wie Medizin. Sie harmonisieren die Energieströme und machen widerstandsfähiger. Der große Unterschied der Ayurveda-Diät zu anderen Diäten: Es gibt kein Frühstück, sondern Sie trinken zum Entschlacken bis mittags alle halbe Stunde ein Glas (200 Milliliter) abgekochtes Wasser.

AYURVEDA-DIÄT-BASICS

Morgens ist der Stoffwechsel reduziert (das Kapha-Dosha ist erhöht). Deshalb braucht der Körper etwas Entlastendes: Warmes, abgekochtes Wasser mit einem Teelöffel Zitronensaft und ein bis zwei Teelöffeln Honig verrühren und trinken.

Ghee, geklärte Butter, gehört zu den wichtigsten Lebensmitteln des Ayurveda, weil es die Energieströme im Gleichgewicht hält. Verwenden Sie Ghee anstelle von anderen Fetten. Sie können es selbst machen: Ein Paket ungesalzene Butter bei schwacher Hitze etwa 20 Minuten köcheln lassen, bis sich ein fester Schaum bildet. Schaumschicht abnehmen. Das flüssige klare Fett durch ein Tuch gießen. Butterfett fest werden lassen und zum Braten, Dünsten und für Salate verwenden.

Bei dieser Diät sind in jeder Mahlzeit fast immer alle sechs Geschmacksrichtungen enthalten. Darüber hinaus gibt es zu jedem Rezept Empfehlungen, um die entsprechenden Doshas zu stärken. Wenn Sie zum Beispiel ein Vata-Typ sind, müssen Sie die beiden anderen Doshas Pitta und Kapha mit entsprechenden Zutaten stärken.

ERKENNEN SIE IHR DOSHA

Vata-Typen sind begeisterungsfähig, haben eine schnelle Auffassungsgabe und sind sehr vergesslich. Ihr Körperbau ist leicht, sie haben eine trockene Haut und oft kalte Hände und Füße. Ihre Stimmungen wechseln schnell, sie reagieren gefühlsbetont. Vata-Typen haben unregelmäßige Ess- und Schlafgewohnheiten.

Pitta-Typen handeln zielgerichtet, haben einen starken Willen und sind durchsetzungsfähig. Das Haar der Pitta-Typen hat einen rötlichen Schimmer und kann frühzeitig ergrauen. Er oder sie neigt zu Ungeduld und Intoleranz, isst mit gutem Appetit und lässt Mahlzeiten ungern ausfallen.

Kapha-Typen handeln langsam und ohne Hektik. Von Natur aus sind sie ruhig und gesetzt, sanftmütig, heiter und liebevoll und verfügen über eine gute Ausdauer und Widerstandskraft. Ihre Haut ist weich, blass und glatt, die Haare sind dicht, dunkel, gewellt oder dick. Er oder sie kann Mahlzeiten problemlos ausfallen lassen.

Bei jedem Menschen dominiert mindestens ein Dosha, oft sind es auch zwei Doshas.

FITMACHER DES MONATS

Steckrübe: Früher war die köstliche Knolle ein preiswerter Sattmacher. Heute erlebt die Steckrübe eine Renaissance. Die aromatische Wurzel bringt kulinarische Abwechslung in den Kochtopf und liefert energiespendende Kohlenhydrate, wertvolle Vitalstoffe wie entwässerndes Kalium und den Radikalenfänger Beta-Carotin.

Ananas: Die Exotin mit dem einzigartigen süßsauren Geschmack steckt voller gesunder Mineralien: Stressbuster Magnesium, blutbildendes Eisen und Zink für ein optimal arbeitendes Immunsystem. Frische Ananas bringt durch das Enzym Bromelin die Eiweißverdauung in Schwung.

Steckrübenrösti zu Räucherlachs

Ayurveda-Diät-Basics: Gewürze, Milch und Ghee.

ZWISCHENMAHLZEITEN

Eine pro Tag zum Aussuchen:

Für den Vata-Typ:

➤ 200 g Ananasfruchtfleisch in einer Pfanne mit 1 TL Honig braten, 1 Walnuss hacken, darüber streuen.

➤ Salat aus 1/4 Gurke, in Scheiben gehobelt, etwas frischem Ingwer, 1 EL Limettensaft, Salz, Pfeffer zubereiten. Dazu 1 Sesamknäckebrot.

Für den Kapha-Typ:

➤ Salat aus 2 fein geraspelten Möhren, 1 säuerlichen Apfel, 1 EL Zitronensaft, 1 TL Sonnenblumenkernen.

➤ Shake aus 4 fein gehackten getrockneten Aprikosen, 200 ml Buttermilch, Zimt.

Für den Pitta-Typ:

➤ 100 g körniger Frischkäse, 1 TL Honig, 100 g Ananasfruchtfleisch.

➤ 1/4 Gurke in Scheiben mit 30 g milden Sprossen (zum Beispiel Mungobohnensprossen), Dressing aus 1 EL Essig, 1 TL Honig, 1 TL Olivenöl, Jodsalz, wenig Pfeffer. Dazu 1 Sesamknäckebrot.

Freitag

ABENDS: STECKRÜBENRÖSTI

➤ **Zutaten:** *300 g Steckrübe, 1 Ei (Größe S), 1 EL Weizenvollkornmehl, Jodsalz, Pfeffer, 4 EL Magerquark, 1 EL Mineralwasser, 1/2 Bund Schnittlauch, 1 TL Ghee, 2 Scheiben Räucherlachs*

SO WIRD'S GEMACHT

Steckrübe schälen und fein raspeln. Mit Ei, Mehl, Salz und Pfeffer verrühren. Quark, Mineralwasser, Salz und Pfeffer verrühren. Schnittlauch fein schneiden und unterrühren. Ghee in einer Pfanne erhitzen. Aus den Steckrübenraspeln Rösti braten. Mit Schnittlauchquark und Räucherlachs anrichten.

Für den Vata-Typ: *Zusätzlich 1 Knoblauchzehe und etwas Cayennepfeffer in den Quark rühren.*

Für den Kapha- und Pitta-Typ: *Räucherlachs durch 2 Scheiben Putenbrustaufschnitt ersetzen.*

Samstag

Bis mittags nur Wasser trinken (siehe Seite 80).

MITTAGS: STECKRÜBENEINTOPF

➤ **Zutaten:** *300 g Steckrübe, 200 g Kartoffeln, 1 Lauchzwiebel, 1 TL Gemüsebrühe (Instant), 150 g Hähnchenbrust, 1 Lorbeerblatt, Jodsalz, Pfeffer*

SO WIRD'S GEMACHT

Steckrübe und Kartoffeln schälen, in gleich große Würfel schneiden. Lauchzwiebel klein schneiden. Brühe mit 1/4 l Wasser in einem Topf aufkochen. Steckrübe und Kartoffeln 20 Minuten darin garen. Hähnchenbrust, Lauchzwiebel und Lorbeerblatt nach der Hälfte der Garzeit zugeben. Eintopf abschmecken.

Für den Kapha-Typ: *Brühe zusätzlich mit Chilischote oder Ingwer würzen.*
Für den Pitta-Typ: *Lorbeerblatt weglassen.*

ABENDS: GEMÜSECRÊPE MIT SPINAT-SCHAFSKÄSE-FÜLLUNG

➤ **Zutaten:** *1 Ei (Größe S), 2 EL Weizenvollkornmehl, 2 EL Mineralwasser, Jodsalz, 250 g junger Blattspinat, Pfeffer, Muskatnuss, 1 Tomate, 30 g Schafskäse*

SO WIRD'S GEMACHT

Ei, Mehl, Mineralwasser und Salz verquirlen, kurz quellen lassen. Spinat putzen und tropfnass in einem Topf zusammenfallen lassen, gut abtropfen lassen und würzen. Tomate in Scheiben schneiden. Eine beschichtete Pfanne erhitzen, aus dem Teig eine Crêpe backen. Mit Gemüse und Schafskäse belegen, aufrollen.

Für den Kapha-Typ: *Statt Tomate 2 Champignons und statt Schafskäse 3 ausgelöste, gegarte Garnelen verwenden, reichlich mit Pfeffer würzen.*
Für den Pitta-Typ: *Statt Spinat Chicorée und statt Schafskäse Putenbrustaufschnitt verwenden.*

Sonntag

Bis mittags warmes, abgekochtes Wasser mit 1 TL Zitronensaft und 1 bis 2 TL Honig trinken.

MITTAGS: SCAMPI-PFANNE

➤ **Zutaten:** *50 g Vollkornreis, Jodsalz, 2 Lauchzwiebeln, 1 kleine rote Paprika, 1 TL Ghee, 150 g frische Ananas, 4 ausgelöste Scampi, Pfeffer*

SO WIRD'S GEMACHT

Reis in Salzwasser gar quellen lassen. Lauchzwiebeln in Ringe schneiden. Paprika würfeln. Ghee in einer Pfanne erhitzen. Lauchzwiebel und Paprika darin 5 Minuten dünsten. Ananas würfeln. Reis abgießen. Reis, Ananas und Scampi zum Gemüse geben. Alles unter Wenden nochmals erhitzen, abschmecken.

Für den Vata-Typ: *Statt Paprika Möhren verwenden, mit frischem Koriander oder Thymian zubereiten.*
Für den Kapha-Typ: *Statt mit Reis und Scampi mit roten Linsen und 100 g Hähnchenbrust zubereiten.*
Für den Pitta-Typ: *Statt mit Reis und Ananas mit roten Linsen und 3 getrockneten Aprikosen zubereiten.*

ABENDS: WINTERSALAT

➤ **Zutaten:** *200 g Steckrübe, 1 TL Ghee, Jodsalz, Pfeffer, 2 EL Weißweinessig, 1 TL Honig, 1 TL Haselnussöl, 1 Möhre, 150 g Ananasfruchtfleisch, 1 Kolben Chicorée, 1 Sesamknäckebrot*

SO WIRD'S GEMACHT

Steckrübe schälen und in feine Stifte schneiden. Ghee in einem Topf erhitzen, Steckrübe darin 10 Minuten dünsten. Mit Salz und Pfeffer würzen. Essig, Honig, Salz und Pfeffer verrühren. Öl unterschlagen. Möhre schälen und grob raspeln. Ananas würfeln. Chicorée klein schneiden. Vorbereitete Salatzutaten und Steckrübe auf einem Teller anrichten. Dressing darüber träufeln. Dazu: Knäckebrot.

Für den Vata-Typ: *Ohne Honig zubereiten, zusätzlich mit Cayennepfeffer würzen.*
Für den Kapha-Typ: *Statt Ananas Äpfel verwenden.*

Die Ayurveda-Öl-Massage

Regelmäßige Massagen sind ein wichtiger Bestandteil des Ayurveda. Verwöhnen Sie entweder sich selbst oder einen anderen lieben Menschen damit. Die sanften Bewegungen lösen Spannungen unter der Hautoberfläche und beeinflussen gleichzeitig die Organe positiv. Morgens regen sie den Blutkreislauf und den Lymphfluss an und wirken so entschlackend.

Nach der ayurvedischen Vorstellung ist unser Körper mit einem Netz von Reflexpunkten, den so genannten Marmapunkten, überzogen. Wenn Sie bei Ihrer Behandlung warmes Öl einmassieren, lassen sich diese Punkte besonders behutsam drücken, und die Körperenergien werden angeregt. Die Inder arbeiten meist mit Sesamöl, das sich aber relativ schwer verteilen lässt. Alternativ können Sie auch Oliven-, Kokos- oder süßes Mandelöl verwenden. Neu sind fertige Ayurveda-Öl-Mischungen, die besonders schnell einziehen.

ANLEITUNG ZUR ÖLMASSAGE

Suchen Sie sich einen ruhigen Raum, den Sie mit einem Räucherstäbchen harmonisieren. Das Öl müssen Sie vor der ersten Anwendung in einem Topf auf 110 Grad erhitzen. Danach ist es „gereift" und kann länger aufbewahrt werden. Für die Massage bringen Sie es dann auf Körpertemperatur. So fühlt es sich nicht nur angenehmer an, sondern zieht auch besser in die Haut ein. Setzen Sie sich nun auf einen Hocker, unter den Sie eine Badematte gelegt haben.

Ölen Sie sich zunächst von Kopf bis Fuß ein. Nun massieren Sie etwa 15 Minuten alle Körperteile sanft mit leichtem Druck und kreisenden Bewegungen: Beginnen Sie mit der Kopfhaut, und gehen Sie über den Haaransatz zu den Ohren. Schenken Sie den Ohrläppchen dabei besonders viel Aufmerksamkeit: Nehmen Sie diese zwischen Daumen und Zeigefinger, und reiben Sie mit dem Daumen langsam auf und ab.

Dann widmen Sie sich der Stirn: Streichen Sie diese so sorgfältig glatt, als wollten Sie auch alle Sorgen und belastenden Gedanken fortwischen. Nachdem Sie noch die Schläfen massiert haben, lassen Sie die Fingerkuppen über Kinn, Nacken und Hals gleiten. Danach sind die Arme dran. Massieren Sie zuerst den rechten, dann den linken Arm mit kräftigem Druck. Von den Schultern aus arbeiten Sie sich bis zu den Fingernägeln vor. Die Gelenke dabei in kleinen Kreisen umrunden. Auf den Muskelsträngen auf und ab streichen. Dann geht's von den Schultern abwärts bis zum Bauch. Frauen massieren dabei um die Brust herum. Der Bauch wird nur von der rechten Hand in kreisenden Bewegungen im Uhrzeigersinn bearbeitet. Die linke Hand ruht dabei seitlich am Körper. Anschließend massieren Sie mit kräftigen Auf- und Ab-Bewegungen Gesäß und Rücken. Bei der Beinmassage verfahren Sie wie an den Armen: zuerst das rechte, dann das linke Bein. Die Gelenke umfahren Sie mit kreisenden Bewegungen. Die Muskelstränge streichen Sie kräftig ab.

DER KRÖNENDE ABSCHLUSS: DIE FUSSMASSAGE

An den Füßen befinden sich viele Reflexpunkte, deshalb sollten Sie ihnen besonders viel Aufmerksamkeit schenken: Legen Sie eine Hand auf den Fußrücken und die andere auf die Sohle. Streichen Sie behutsam mit der unteren Hand von den Zehen zum Knöchel und wieder zurück. Dann setzen Sie beide Daumen im Bereich der Ferse auf die Fußsohle an und arbeiten sich mit kleinen, kreisenden Bewegungen zu den Zehen vor. Danach streichen Sie wieder zur Ferse zurück. Massieren Sie anschließend jeden einzelnen Zeh und die Zwischenräume zwischen den Zehen.

Beenden Sie die Massage mit einem warmen Bad oder einer heißen Dusche. Benutzen Sie dafür eine milde Seife, damit ein hauchdünner, pflegender Ölfilm auf der Haut zurückbleibt. Nach der Massage sollten Sie sich ausruhen; so wirkt die Ölmassage besonders intensiv und entspannend.

Folgen Sie Ihrer Nase, wenn Sie bei der Auswahl des Öls unsicher sind.

Eine Ölmassage löst Spannungen und beeinflusst alle Organe positiv.

DIE ALTERNATIVE: EINE ANREGENDE TROCKENMASSAGE

Immer wenn Sie das Gefühl haben, dass Ihr Körper eine intensive Anregung braucht, zum Beispiel während einer Entschlackungskur oder nach einer überstandenen Krankheit, sollten Sie diese Art von Massage bevorzugen. Auch für Menschen, die zu fettiger Haut neigen, ist die Trockenmassage gut geeignet, da sie Bindegewebe, Kreislauf und Stoffwechsel besonders stark stimuliert.

Für diese etwa fünfminütige, morgendliche Ganzkörperbehandlung nehmen Sie einen Handschuh aus Rohseide, den Sie in der Apotheke kaufen können. Die Vorgehensweise ist die gleiche wie bei der Ölmassage. Anschließend tauchen Sie in ein warmes Vollbad, um die Ausschwemmung von Giftstoffen zu unterstützen.

Tipps für eine ausgeglichene Lebensweise

➤ Machen Sie regelmäßig ein natürliches Körpertraining, zum Beispiel Yoga und Atemübungen.

➤ Essen Sie zeitig (Abendessen möglichst nicht nach 18 Uhr), und genießen Sie Ihre Mahlzeiten in Ruhe.

➤ Putzen Sie Ihre Zähne gründlich nach jeder Mahlzeit.

➤ Gehen Sie regelmäßig spazieren.

➤ Gehen Sie zwischen 21.30 und 22.30 Uhr schlafen.

➤ Im Bett sollten Sie weder lesen noch fernsehen.

TIPP

„Das Paradies ist, wo ich bin", sagte der französische Philosoph Voltaire. Seinen persönlichen Garten Eden gestaltet sich jeder selbst. Mut zum Kulturmix schafft dabei den höchsten Genuss. Das gilt für kulinarische Highlights vom Mittelmeer ebenso wie für eurasische Wohnphilosophien.

Die Mittelmeerdiät

Mittelmeerbewohner essen und trinken nach Herzenslust und sind trotzdem schlank und fit. Wie ungerecht! Der Trick: Südeuropäer ernähren sich traditionell viel gesünder und fettärmer als Nordeuropäer. Sie essen wenig Fleisch, dafür viel Fisch, Meeresfrüchte, frisches Obst und Gemüse, würzige Kräuter, Salat, Brot und kohlenhydratreiche Pasta. Zubereitet werden diese vitalstoffreichen Begleiter mit hochwertigem, kaltgepresstem Olivenöl, das dem Körper reichlich essenzielle Fettsäuren und fettlösliche Vitamine zur Verfügung stellt.

Üppige Salate gehören zum Mittagessen à la Mittelmeer einfach dazu. Sie sättigen auf angenehme Art und liefern jede Menge gesunder Biostoffe. Zum Beispiel Kalium, das Entschlackungsmineral. Es wird über die Nieren ausgeschieden und schwemmt unerwünschte Stoffwechselprodukte mit aus. Kohlenhydrate aus Brot und Nudeln werden sofort in Energie umgewandelt, steigern in kürzester Zeit die Leistungsfähigkeit und aktivieren den Stoffwechsel. Vollkornnudeln enthalten viele Ballaststoffe, so dass Sie sich schneller satt fühlen und es auch länger bleiben. Außerdem sind in den kernigen Vertretern der Nudelfamilie viele wertvolle Vitamine (vor allem die des B-Komplexes) und Mineralstoffe enthalten.

Tipp: Achten Sie außerdem darauf, Nudeln ohne Eier zu kaufen. Damit sparen Sie Fett und zusätzliche Kalorien.

Duftende Kräuter und Knoblauch sind weitere unverzichtbare Bestandteile der Mittelmeerküche. Verschwenderisch wird jedes Gericht mit Oregano, Basilikum, Thymian oder Rosmarin gewürzt. Knoblauch enthält ätherische Öle wie Allicin und wirkt wie ein natürliches Antibiotikum. Kräuter enthalten Vitamine, Mineral- und Biostoffe, die die Verdauungsorgane anregen und dadurch entschlackend wirken.

Trinken Sie zwischen den Mahlzeiten viel Wasser und ruhig auch mal ein Gläschen Rotwein. Im dunklen Rebensaft stecken sekundäre Pflanzenstoffe wie Polyphenole. Sie regen das Immunsystem an und fördern die Verdauung. Außerdem kurbeln geringe Mengen Alkohol das Herz-Kreislauf-System an und wirken entwässernd. Im Gegensatz zum Bier wirkt Rotwein eher als Hungerbremse. Allerdings sollten Sie nicht mehr als ein kleines Glas (0,1 Liter) am Tag trinken.

Das Tolle an der mediterranen Ernährung: Sie senkt den Cholesterinspiegel, beugt Arterioklerose vor, schützt vor Bluthochdruck, kurbelt die Verdauung an und macht eine tolle Figur.

FITMACHER DES MONATS

Vollkornnudeln: Kein Leistungssportler wird versäumen, vor einem wichtigen Wettkampftag noch eine ordentliche Portion Pasta zu verdrücken. Der Grund: Der hohe Kohlenhydratgehalt füllt die Energiespeicher des Körpers noch einmal so richtig auf.

Pasta gehört zur Mittelmeerküche wie Olivenöl und …

… Knoblauch!

Am besten funktioniert das in Kombination mit den B-Vitaminen, die vor allem in der Vollkornvariante enthalten sind. Sie steuern nämlich den Kohlenhydratstoffwechsel. Ein weiterer Pluspunkt sind die enthaltenen Ballaststoffe, die für eine reibungslose Verdauung sorgen.

Olivenöl: Je grüner, desto besser. Hochwertiges, kaltgepresstes Öl mit intensiver Farbe fördert die Verdauung und gilt in seinen Heimatländern als Heilmittel für Leber und Galle. Denn das fruchtig-aromatische Öl kurbelt die Gallenproduktion an. Verantwortlich dafür sind Glykoside und cholinähnliche Substanzen, Biostoffe, die in der Olive stecken. Durch seine günstige Fettsäurenzusammensetzung senkt das Öl außerdem genau den Anteil des Cholesterins, der für Herz- und Gefäßbeschwerden verantwortlich gemacht wird. Verwenden Sie das gesunde Öl darum so oft wie möglich als Dressing in Salaten.

ZWISCHENMAHLZEITEN

Zwei pro Tag zum Aussuchen:

➤ 1 Kolben Chicorée klein schneiden. 1 Mandarine schälen, Filets auslösen, mit 1 EL Magerquark und 1 EL Zitronensaft verrühren. Dressing über den Chicorée geben.

➤ 1 kleine Banane schälen, längs halbieren. In einer beschichteten Pfanne mit 1 TL Limettensaft braten und mit 1 TL Honig beträufeln.

➤ 1 Mandarine schälen, Filets auslösen, mit 150 ml Buttermilch, 1 EL Limettensaft und 1 TL Honig in einen Shaker geben, gut durchmixen.

➤ 1 Orange dick schälen, in Scheiben schneiden, in eine Gratinform schichten, mit 1 TL Honig beträufeln und mit 1 TL gehobelten Haselnüssen bestreuen. Unter dem heißen Grill kurz bräunen. Dazu: 1 Espresso oder 1 kleiner Milchkaffee.

Freitag

ABENDS: NUDELN MIT PFIFFER-LINGEN UND RAUKE

➤ **Zutaten:** *50 g Vollkornbandnudeln, Jodsalz, 3 getrocknete Tomaten, 200 g Pfifferlinge, 1 Schalotte, 1 TL kaltgepresstes Olivenöl, Pfeffer, 50 g Rauke*

SO WIRD'S GEMACHT

Nudeln nach Packungsanweisung in Salzwasser garen. Tomaten würfeln. Pfifferlinge putzen, eventuell klein schneiden. Schalotte fein hacken und mit getrockneten Tomaten und Pilzen im heißen Öl 4 Minuten braten, mit Salz und Pfeffer würzen. Nudeln abgießen, gut abtropfen lassen und mit den Pilzen mischen. Rauke verlesen, grob hacken und unter die Nudeln mischen.

Samstag

MORGENS: NUSS-CRUNCH MIT OBST UND PAPRIKAQUARK

➤ **Zutaten:** *1 EL kernige Haferflocken, 1 TL gehobelte Haselnüsse, 1 Orange, 1 kleine Banane, 1 Stück rote Paprika, 2 EL Magerquark, 1 EL Mineralwasser, Jodsalz, Pfeffer, 1 Sesamknäcke*

SO WIRD'S GEMACHT

Haferflocken und Nüsse in einer Pfanne rösten, bis sie duften, herausnehmen. Orange filetieren, Banane klein schneiden, beides mischen, Haferflocken-Nuss-Mischung darüber streuen. Paprika fein würfeln, mit Quark, Mineralwasser, Salz und Pfeffer verrühren, auf dem Knäcke anrichten.

Ein Pesto aus Steinpilzen und Tomaten schmeckt wunderbar zu Vollkornnudeln.

MITTAGS: GEMÜSE-NUDEL-OMELETTE

➤ **Zutaten:** *150 g Vollkornnudeln, Jodsalz, 1 Lauchzwiebel, 1 Stück rote Paprika, 1 Tomate, 1 Zucchini, 4 Champignons, 1 Ei (Größe M), 2 EL Mineralwasser, Pfeffer, 1 TL kaltgepresstes Olivenöl, 1/2 Beet Gartenkresse*

SO WIRD'S GEMACHT

Nudeln in Salzwasser garen. Zwiebel, Paprika, Tomate, Zucchini und Pilze klein schneiden. Ei, Mineralwasser, Salz und Pfeffer verquirlen. Nudeln abgießen, gut abtropfen lassen. Die Hälfte für das Abendessen beiseite stellen. Öl in einer Pfanne erhitzen, Gemüse darin andünsten, Nudeln zugeben, würzen. Ei darüber gießen, stocken lassen. Kresse darauf anrichten.

ABENDS: OLIVEN-NUDEL-SALAT

➤ **Zutaten:** *1 EL Weißweinessig, Saft von 1 Orange, 1 TL kaltgepresstes Olivenöl, Jodsalz, Pfeffer, 1 Lauchzwiebel, 2 schwarze Oliven ohne Stein, 1 Tomate, 30 g Rauke, vorgegarte Nudeln (siehe Mittagessen)*

SO WIRD'S GEMACHT

Essig, Orangensaft, Öl, Salz und Pfeffer verrühren. Lauchzwiebel und Oliven klein schneiden und unterrühren. Tomate würfeln, Rauke klein schneiden, mit den Nudeln unter das Dressing heben. Nochmals abschmecken.

Sonntag
MORGENS: KRESSEQUARK

➤ **Zutaten:** *2 EL Magerquark, 1 EL Mineralwasser, Jodsalz, Pfeffer, 1 Vollkornbrötchen, 1/2 Beet Gartenkresse, 2 Saftorangen, 1 Vollkorntoast , 1 TL Honig*

SO WIRD'S GEMACHT

Quark, Mineralwasser, Salz und Pfeffer verrühren. Auf das Brötchen streichen, Kresse darauf anrichten. Orangen auspressen. Toast rösten, mit Honig bestreichen.

MITTAGS: VOLLKORNNUDELN MIT STEINPILZ-TOMATEN-PESTO

➤ **Zutaten:** *2 EL getrocknete Steinpilze, 2 Tomaten, Jodsalz, Pfeffer, 1 TL kaltgepresstes Olivenöl, 80 g Vollkornnudeln, 50 g Rauke*

SO WIRD'S GEMACHT

Steinpilze in Wasser einweichen. Tomaten entkernen und fein würfeln. Pilze abtropfen lassen, Einweichwasser auffangen. Pilze fein hacken, mit dem Einweichwasser und Tomaten aufkochen. Köcheln lassen, bis die Flüssigkeit fast ganz verdampft ist. Mit Salz und Pfeffer würzen, Öl unterrühren. Nudeln garen (1/3 davon für das Abendessen beiseite legen). Rauke klein schneiden. Nudeln abgießen, mit der Rauke mischen. Pilz-Pesto dazu servieren.

ABENDS: ZUCCHINI-NUDEL-PFANNE

➤ **Zutaten:** *2 Zucchini, 2 Tomaten, 1 TL kaltgepresstes Olivenöl, Nudeln vom Mittag, Jodsalz, Pfeffer, 1 Ei (Größe S), 1 EL Mineralwasser, 1 EL saure Sahne, 1 Bund frische Kräuter*

SO WIRD'S GEMACHT

Zucchini und Tomaten klein schneiden. Öl in einer Pfanne erhitzen, Zucchini darin andünsten. Nudeln und Tomaten zugeben, würzen. Ei, Mineralwasser, Sahne, Salz und Pfeffer verquirlen. Kräuter hacken, unterrühren. Über die Gemüse-Nudeln gießen und stocken lassen.

Eine harmonische Umgebung strahlt Ruhe und Klarheit aus.

Feng Shui: Räumen Sie auf!

Der Ort, an dem wir zu Hause sind, unsere Wohnung, sollte uns Geborgenheit und Bequemlichkeit bieten. Beides brauchen wir, um uns von den Alltagsstrapazen zu erholen. Aber viele Menschen spüren keine Erleichterung oder Entspannung, wenn sie die Wohnungstür hinter sich schließen und die vertrauten vier Wände um sich haben. Irgendetwas stimmt für sie nicht. Die Wohnung ist vielleicht zu vollgestellt, zu ungemütlich, hat keine angenehme Atmosphäre. Wenn auch Sie so ein Unbehagen beschleicht, ist es höchste Zeit, an Ihrer Umgebung etwas zu ändern. Sie müssen nicht gleich umziehen. Oft genügt es schon, wenn Sie Kleinigkeiten ändern, etwa die Wände neu streichen, einen helleren Teppich anschaffen oder rigoros entrümpeln.

WOHNEN IN HARMONIE

Es ist keine reine Geschmacksfrage, ob wir uns in unserer Wohnung heimisch fühlen oder nicht. Häuser, Möbel, Teppiche, Vorhänge, Lampen und was sonst noch unseren Lebensraum prägt, wirken auf jeden von uns anders. Haben Sie nicht auch schon mal das Gefühl gehabt, dass ein bestimmter Raum Wärme ausstrahlt, irgendwie „lebt"? Was wir immer nur intuitiv erfahren haben, erklärt die altchinesische Lehre Feng Shui ganz konkret durch die Lebensenergie „Chi": Ist der Energiefluss in einem Raum gestört, fühlen wir uns dort nicht wohl. Feng Shui bedeutet wörtlich übersetzt „Wind und Wasser" und hat auch viel mit dem Zusammenspiel von Naturkräften zu tun. Wenn Sie Ihre Wohnung einer Frühjahrskur unterziehen wollen, können Sie aus dieser asiatischen Lebensphilosophie ganz pragmatische Hilfestellung beziehen.

RÄUME REINIGEN

Während Sie Ihre Wohnung aufräumen und entrümpeln, reinigt sich gleichzeitig Ihre Seele von unliebsamen Erinnerungen. Haben Sie schon einmal überlegt, was Sie in Ihrem Wohnzimmer alles erlebt haben? Ereignisse sind Energien, und diese prägen einen Ort. Neben dem guten, alten Frühjahrsputz gibt es zusätzlich Methoden zur energetischen Raumreinigung: Kerzen, energetisches Wasser, Blüten, Duft und schöne Steine eignen sich dazu hervorragend.

Besonders effizient ist die Klangreinigung. Dafür können Klangschalen, Rasseln, Glocken oder Trommeln verwendet werden. Öffnen Sie ein Fenster, und führen Sie das Ritual bei vollkommener Ruhe durch. Den ersten „klingenden" Rundgang, der alte Energien löst, unternehmen Sie mit einem tief gestimmten Instrument. Bewegen Sie sich rhythmisch schlagend entlang der Wände. Den zweiten Durchgang machen Sie mit einem höher klingenden Instrument. Damit geben Sie den Räumen eine neue, feine Schwingung. Zur Nachreinigung können Sie die Räume mit Rosenwasser besprühen oder mit Salbei beräuchern.

TIPPS FÜR DIE NEUGESTALTUNG

Im nächsten Schritt beginnen Sie, Möbel neu zu arrangieren und harmonisch zu platzieren. Dabei sollten Sie immer die Ausgewogenheit des Gesamtkonzeptes im Auge behalten. Bei hartnäckigen Problemen können Sie auch einen professionellen Feng-Shui-Berater oder Innenarchitekten zu Rate ziehen:

Wohnzimmer:
➤ Helle Wandfarben.
➤ Sitzplatz gegenüber der Eingangstür.
➤ Ein runder oder ovaler Holztisch wirkt sich positiv in der Raummitte aus.
➤ Vorhänge schützen vor störenden Umwelteinflüssen.
➤ Große Pflanzen nehmen Elektrosmog auf.

Esszimmer:
➤ Der Tisch darf nicht unter einem Dachbalken stehen. Seine Form sollte nach Möglichkeit oval oder achteckig sein.
➤ Lampen möglichst nicht über den Sitzenden platzieren.

Schlafzimmer:
➤ Kopf nicht nach Westen, Füße nicht zur Tür richten.
➤ Scharfe Kanten und Spitzen dürfen nicht zu den Schlafenden gewandt sein.
➤ Spiegel dürfen nicht aufs Bett zeigen.
➤ Bücherregale bringen Unruhe ins Zimmer.
➤ Nach Möglichkeit auf elektrische Geräte und Uhren über dem Bett verzichten.

Arbeitszimmer:
➤ Nicht mit dem Rücken zur Tür sitzen.
➤ Der Schreibtisch sollte nicht gegenüber der Tür, in der Mitte des Zimmers oder zwischen Fenster und Tür stehen.

Küche:
➤ Herd nicht neben das Spülbecken, Kühlschrank nicht neben den Herd stellen.
➤ Arbeitsflächen und Schränke mit runden Kanten wählen.
➤ Messer immer in Messerblöcken oder Schubladen verstauen.
➤ Bilder mit frischem Gemüse oder Getreide sollen Wohlstand bringen.

Kinderzimmer:
➤ Das Bett im größtmöglichen Abstand zu Tür und Fenster aufstellen.
➤ Vorhänge bieten mehr Schutz fürs Kind als Rollos.
➤ Mobile in der Zimmermitte vermittelt zusätzlich Sicherheit.
➤ Ein runder Kristall im Fenster unterstützt die Kreativität des Kindes.
➤ Bevorzugen Sie Möbel mit runden Ecken und Kanten.

Zum Nachschlagen

BÜCHER, DIE WEITERHELFEN

Ruediger Dahlke, Doris Ehrenberger: **Wege der Reinigung.** Entgiften, Entschlacken, Loslassen. Heyne Verlag, München

Maria und Jürgen Fahrnow: **Fünf Elemente Ernährung.** Lebens- und Kochkunst aus dem Reich der Mitte. Gräfe und Unzer Verlag, München

Marion Grillparzer: **Fatburner.** So einfach schmilzt das Fett weg. Gräfe und Unzer Verlag, München

Angelika Ilies: **Entschlacken mit Genuss.** Für Vitalität und Wohlbefinden. Rezepte, die den Stoffwechsel auf Trab bringen. Gräfe und Unzer Verlag, München

Claus Leitzmann, Helmut Million: **Power Food.** Lustvoll schlemmen mit bioaktiven Substanzen. Gräfe und Unzer Verlag, München

Regina Naumann: **Bioaktive Substanzen: Die Gesundmacher in unserer Nahrung.** Heilstoffe und ihre Wirkung, Einkaufstips und Rezepte. Rowohlt Verlag, Reinbek bei Hamburg

Karin Schutt: **Ayurveda.** Sich jung fühlen ein Leben lang. Gräfe und Unzer Verlag, München

Anna Trökes: **Power durch Yoga.** Energie und Kraft für Body & Mind. Gräfe und Unzer Verlag, München

ADRESSEN, DIE WEITERHELFEN

Deutsche Gesellschaft für Ernährung (DGE)
Im Vogelsgesang 40
D-60488 Frankfurt/Main

Lakshmi-Versand
Rudolf-Hauser-Straße 4/1
D-74653 Künzelsau
Versand für „Abhyanga-Massage-Öl"

Österreichische Gesellschaft für Ernährung (ÖGE)
Zaunergasse 1–3
A-1030 Wien

Schweizerische Vereinigung für Ernährung (SVE)
Effingerstrasse 2
Postfach 83 33
CH-3001 Bern

REZEPTREGISTER

SACHREGISTER

IMPRESSUM

Die Autorinnen
Christina Niemann (Diplom-Oecotrophologin) und **Kathrin Klemp** (studierte Modedesignerin und Journalistin) haben sich mit ihrem Redaktionsbüro auf Food-, Wellness- und Lifestyle-Themen spezialisiert. Während Christina Kalorienzahlen rauf- und runterrechnet, spürt Kathrin die neuesten Wohlfühltrends auf. Wenn Kathrin versucht, Christina die Leichtigkeit des Seins zu vermitteln, holt Christina sie meist auf den Boden der Tatsachen zurück. Oder ist es umgekehrt? Als eingespieltem Team war es den beiden ehemaligen *Vital*-Redakteurinnen ein besonderes Vergnügen, gemeinsam dieses Buch in Angriff zu nehmen.

Redaktionsleitung: Doris Birk
Redaktion: Monika Rolle
Lektorat: Heike Wilhelmi
Gestaltung und Layout: independent Medien-Design
Herstellung: Susanne Mühldorfer
Satz: Bernd Walser Buchproduktion, München
Repro: Repro Ludwig, Zell am See
Druck und Bindung: Stürtz, Würzburg

ISBN 3-7742-6213-6

Auflage: 4.   3.   2.   1.
          2004   2003   2002   2001

Fotoproduktion
Reiner Schmitz

Weitere Fotos
Bavaria Bildagentur: Seite 7 (VCP), 12 (VCL). GU: Seite 18 (Andreas Hosch); Umschlag vorn li. und Mitte, Umschlag hinten Mitte, Klappe vorn li. und re., Klappe hinten Mitte, 2 re., 3, 39 li., 59, 69, 79, 85 (alle Manfred Jahreiß); 24 (Michael Leis); 64 oben (Nicolas Olonetzky); 11, 31 (Tom Roch); Umschlag vorn re., Umschlag hinten li. und re., Klappe vorn Mitte, Klappe hinten li. und re., Innenklappe vorn (Ananas, Aprikosen) und hinten (Spinat, Sauerkraut), 2 li., 15 unten, 21 li., 27 re., 41, 47 oben, 55 unten, 61 li. (alle Studio R. Schmitz); 8 (Christophe Schneider). Image Bank: Seite 27 li. (Paolo Curto). jump: Innenklappe vorn (Kirschen) und hinten (Spargel), Seite 82 (alle Annette Falck); 32, 50 (Leonhard Lenz); 52 und 67 (Kristiane Vey); 39 re. Photonica (Neo Vision): Seite 4, 35, 64 unten, 72, 87 re., 90. StockFood: Innenklappe vorn (Granatapfel, S. & P. Eising) und hinten (Rosenkohl, Maximilian Stock Ltd.). Stock Market: Seite 71 (M. Panci). Stone: Seite 19 (Dave Nage). Zefa: Seite 45 (H. G. Rossi).

Umwelthinweis
Dieses Buch wurde auf chlorfrei gebleichtem Papier gedruckt. Um Rohstoffe zu sparen, haben wir auf Folienverpackung verzichtet.

Die **GU-Homepage** finden Sie im Internet unter **www.gu-online.de**

Das Original mit Garantie

Ihre Meinung ist uns wichtig. Deshalb möchten wir Ihre Kritik, gerne aber auch Ihr Lob erfahren. Um als führender Ratgeberverlag für Sie noch besser zu werden. Darum: Schreiben Sie uns! Wir freuen uns auf Ihre Post und wünschen Ihnen viel Spaß mit Ihrem GU-Ratgeber.

Unsere Garantie: Sollte ein GU-Ratgeber einmal einen Fehler enthalten, schicken Sie uns das Buch mit einem kleinen Hinweis und der Quittung innerhalb von sechs Monaten nach dem Kauf zurück. Wir tauschen Ihnen den GU-Ratgeber gegen einen anderen zum gleichen oder ähnlichen Thema um.

**Ihr Gräfe und Unzer Verlag
Redaktion Gesundheit
Postfach 86 03 25
81630 München
Fax: 0 89 / 4 19 81-1 13
E-Mail: leserservice@graefe-und-unzer.de**

Wichtiger Hinweis
Die Ratschläge, Rezepte und Übungen in diesem Buch wurden sorgfältig recherchiert und haben sich in der Praxis bewährt. Sie sind für Menschen mit normaler Konstitution geeignet. Alle Leserinnen und Leser sind jedoch aufgefordert, in eigener Verantwortung zu entscheiden, ob und inwieweit sie die Anregungen in diesem Buch umsetzen können und möchten. Autorinnen und Verlag übernehmen keine Haftung für die Resultate.